CW01372559

speaking IRISH
AN GHAEILGE BHEO
TAKE YOUR LANGUAGE SKILLS BEYOND BASICS

SIUÁN NÍ MHAONAIGH | ANTAIN MAC LOCHLAINN

McGraw Hill

New York Chicago San Francisco Lisbon London Madrid Mexico City
Milan New Delhi San Juan Seoul Singapore Sydney Toronto

The McGraw·Hill Companies

Copyright © 2008 by The McGraw-Hill Companies, Inc. All rights reserved. Printed in the United States of America. Except as permitted under the United States Copyright Act of 1976, no part of this publication may be reproduced or distributed in any form or by any means, or stored in a database or retrieval system, without the prior written permission of the publisher.

2 3 4 5 6 7 8 9 10 11 12 13 14 15 16 17 18 19   DOC/DOC   0 9 8

ISBN 978-0-07-147562-4 (book and DVD set)
MHID   0-07-147562-1

ISBN 978-0-07-147563-1 (book component)
MHID   0-07-147563-X

ISBN 978-0-07-147564-8 (DVD component)
MHID   0-07-147564-8

Library of Congress Control Number: 2006937320

Interior design by Monica Baziuk

McGraw-Hill books are available at special quantity discounts to use as premiums and sales promotions, or for use in corporate training programs. For more information, please write to the Director of Special Sales, Professional Publishing, McGraw-Hill, Two Penn Plaza, New York, NY 10121-2298. Or contact your local bookstore.

This book is printed on acid-free paper.

Do Liam Ó Cuinneagáin, Oideas Gael,
agus d'Anna Ní Ghallachair, Ollscoil na hÉireann, Má Nuad,
a bhfuil lucht foghlaimeoirí na Gaeilge go mór faoina gcomaoin.

Contents

	Acknowledgments	vii
	Introduction	ix
AONAD 1	*Ceantar dúchais* ◆ Native place	1
AONAD 2	*An teaghlach* ◆ The family	8
AONAD 3	*Obair* ◆ Work	17
AONAD 4	*Caitheamh aimsire* ◆ Pastimes	25
AONAD 5	*Saol na cathrach* ◆ City life	34
AONAD 6	*Teangacha* ◆ Languages	43
AONAD 7	*Daoine* ◆ People	53
AONAD 8	*Taisteal agus cultúir eile* ◆ Travel and other cultures	63
AONAD 9	*Cúrsaí spóirt* ◆ Sport	71
AONAD 10	*Tuairimí 1* ◆ Opinions 1	81
AONAD 11	*Oideachas* ◆ Education	88
AONAD 12	*An timpeallacht* ◆ The environment	95
AONAD 13	*An Ghaeltacht* ◆ The Gaeltacht	103

AONAD 14	*Saol na mban* ◆ Women	112
AONAD 15	*Scéalta* ◆ Stories	119
AONAD 16	*Cultúr* ◆ Culture	127
AONAD 17	*Tuairimí 2* ◆ Opinions 2	136
AONAD 18	*Cuimhní* ◆ Memories	144
AONAD 19	*Éire inniu* ◆ Ireland today	151
AONAD 20	*Na Gaeil i Meiriceá Thuaidh* ◆ The Irish in North America	157
APPENDIX	**Interviews: English Translations**	167
	Answer Key	206
	Grammar and Language Index	224

Acknowledgments

THE AUTHORS WOULD especially like to thank all the people who gave generously of their time and agreed to be interviewed for this project: Senan Dunne, Liam Guidry, Jackie Mac Donncha, Cian Marnell, Pat Matthews, Siobhán Ní Churraighín, Aoife Ní Chonchúir, Ciara Ní Shé, Máirín Nic Dhonncha, Úna Nic Gabhann, Áine Nic Niallais, Dara Ó Cinnéide, Bosco Ó Conchúir, Donncha Ó Cróinín, Liam Ó Cuinneagáin, Noel Ó Gallchóir, Muiris Ó Laoire, Helen Ó Murchú, Tomás Ó Ruairc, Cathal Ó Searcaigh, Trevor Sargent T. D., Seán Tierney, Eileen Zurell.

We would also like to thank the following people who were involved in the project:

Ceil Lucas and Stephen Brown who worked tirelessly to see this project brought to fruition. Their commitment, guidance and good humor throughout was very much appreciated.

Stephen Davitt for his excellent camera work.

Patrick Harris, who edited the DVD, for his invaluable contribution and his patience.

Christopher Brown, Charlie Fisher and the staff of McGraw-Hill for editing and publishing this project.

We would also like to thank the numerous individuals and organizations who provided help, support and facilities, especially:

Marcas Ó Murchú who kindly provided the music for the DVD, "The Sligo Fiddler's Farewell," from the CD *Turas Ceoil—Marcas Ó Murchú—Flute playing from the North and West of Ireland* (Cló Iar-Chonnachta: www.cic.ie). The air is his own composition and greatly enhances the DVD.

The publishers, Cló Iar-Chonnachta: www.cic.ie, who kindly allowed us to reproduce the poem *"Imirce"* from Jackie Mac Donncha's anthology *Gaineamh Séidte* (2003).

Daltaí na Gaeilge, who have been very supportive of the project and who organized interviews in Esopus, New York.

Finally, our thanks to our families and friends who have provided support and encouragement over the years.

Introduction

Speaking Irish/an ghaeilge bheo is a package consisting of a DVD and workbook designed for intermediate and advanced learners of Irish. Classroom activities relating to the package can be downloaded free of charge from www.mhprofessional.com. *Speaking Irish* has three main aims:

1. to help learners improve their comprehension skills
2. to provide learners and teachers with stimulating and interesting materials
3. to give learners the opportunity to familiarize themselves with a variety of dialects and with how Irish is spoken in everyday life in Ireland

About the DVD

The DVD consists of twenty units with each unit focusing on a specific theme. Themes include travel, educational matters, memories and so on. A majority of the twenty-three people interviewed for the DVD are native Irish speakers. They represent a wide range of ages, dialects, accents and speaking styles. The interviews are completely authentic in that they are spontaneous and unrehearsed and represent how the Irish language is spoken in everyday life in Ireland. Interviewees were advised to speak naturally, and no restrictions were placed on them regarding the speed of their speech or the level of difficulty of the language they used.

Each segment or interview on the DVD is numbered so that the interviews may be easily found and selected.

About the Book

The materials in the book are designed for private or self-study, although teachers will also find the explanatory notes and the exercises useful. There are twenty units, each of which consists of the following:

1. Transcription of the interviews. The interviews are transcribed word for word, with no editorial additions or corrections. As a result, the texts contain many pauses, false starts, repetitions, laughter and uncompleted sentences. Where one sentence ends and the next begins is largely notional. They are not always easy to read, but are not intended to be used in isolation or for reading comprehension. No speaker, however fluent, fully replicates the complex structures of written language and, inevitably, some grammatical errors are made.

English translations of the interview texts appear in the **Appendix**. Like the originals, these translations are far from being perfect specimens of prose. An attempt has been made to make them correspond as closely as possibly to the Irish originals, and so they have a strong Hiberno-English flavor.

2. Notes and activities. Some or all of the following types of notes and activities accompany each of the interviews:

- *Saibhriú focal (Vocabulary building).* This section highlights useful words and phrases from the interviews. It occasionally expands on the interview materials to include related items not found in the interview texts. Some of the notes are simply descriptive, explaining the use of individual words. The activities are mostly about identifying key lexical items in the interviews, with prompts in English or Irish. Other activities invite the students to use highlighted lexical items in sentences of their own construction. There is a limited aspect of translation, where students are asked to translate idiomatic Irish phrases into English or else to provide Irish translations of short, simple English sentences modeling key words or phrases.

- *An teanga (The language).* This section is more specifically about grammar and structure, for example, the genitive case, indirect speech, etc. It wasn't always possible to find enough illustrative examples in single interview texts, but an effort has been made not to go "outside" the course. Rather, examples from previous or subsequent interviews are used. Again, some of the notes are simply descriptive. The activities include fill-in-the-blank tests, word completion, short translations, etc.

- *Ó Ghaeltacht go Gaeltacht (From Gaeltacht to Gaeltacht).* One of the main aims of this package is to familiarize learners with the living speech of the various Gaeltacht areas—a speech that differs markedly from the standardized, written forms prescribed in reference works. With this in mind, aspects of dialect are explained in this section. The purpose here is not to "correct" the speakers but to facilitate learners who may have difficulty understanding unfamiliar dialect forms or finding explanations in grammars, dictionaries and other reference works.

  The most successful nonnative speakers of Irish are those who get to know one of the three major dialects fairly well and who through social contacts and the media and by study acquaint themselves with the other dialects and with the conventions of the standard, written language. For as long as we advise learners to aspire to "Gaeltacht Irish" we are obliged to draw attention to and explain key points of Gaeltacht speech. The dialect forms used in transcribing the interview texts are all given as variant spellings in Niall Ó Dónaill's *Foclóir Gaeilge-Béarla* (An Gúm, 1977).

- *Foghraíocht (Pronunciation).* This section mostly contains general advice about the sound system of Irish but occasionally refers to striking features of local, dialect pronunciation.

- *Feasacht teanga (Language awareness).* Certain linguistic and sociolinguistic issues are explicitly examined in this section (for example, the wide use of English words in Irish).

- *Cultúr (Culture).* Occasional references to historical figures, aspects of folklore, etc., are explained in this section.

All notes and explanations are given in English but every effort is made to introduce learners to the grammatical and phonological terminology they will need in order to use reference works in the Irish language.

The solutions to the exercises in this part can be found at the end of the book.

Advice for the learner on how to use the material

- Select the interview you want to view and watch it once or twice without reading the accompanying transcript.
- If you have understood the gist of the interview, read the notes and complete the activities.
- Listen to the interview again while reading the transcripts.
- Try not to be overly worried about understanding everything the speaker says. Don't be discouraged if you encounter a word or a phrase that you don't understand. Try to use the context of what the interviewee says to guess the meaning and continue to listen to the rest of the interview.
- The answers for the activities in this section follow the Appendix. Resist the temptation to consult the answers until you are satisfied with your own attempts.
- *Speaking Irish/An Ghaeilge Bheo* covers many aspects of vocabulary, grammar and structure. It will, however, be of most benefit to learners when used along with a comprehensive grammar book and authoritative dictionary. We suggest *Cruinnscríobh na Gaeilge* by Ciarán Mac Murchaidh (Cois Life, 2004). The most authoritative Irish-English dictionary is Niall Ó Dónaill's *Foclóir Gaeilge-Béarla* (An Gúm, 1977). These and other reference works can be purchased from www.litriocht.com.

About the Classroom Activities

Classroom activities for each of the twenty units are available for free download from the McGraw-Hill website at www.mhprofessional.com. Enter "Speaking Irish" into the search field to locate the book and activities. The materials include:

- Twenty classroom exercise sheets based on one interview selected from each of the units
- Advice for the teacher on how best to use the classroom activities
- An answer key for each classroom exercise

AONAD 1

Ceantar dúchais
Native place

Segment 1   00:00:10

Watch Interview 1, in which Máirín Nic Dhonncha describes her native Conamara. Then go on to the notes and activities below.

Ó Ghaeltacht go Gaeltacht

Máirín uses a few words you may not have heard before or may know in a more standard form:

> *Áiteacha.* This is a variant plural of *áit.* The standard plural is *áiteanna.*
> *Teach an Phosta* = *Oifig an Phoist*
> *Go háirid* = *go háirithe*
> *Cinnire* = *ceannaire*

Foghraíocht

You may have noticed an extra vowel in the name of one of the islands—*Garmna*, which is pronounced something like *Garumna*. This extra vowel is known as a *guta cúnta* (a helping vowel). It most commonly appears when the letters *l* or *r* combine with *b* (*Albain*), *bh* (*seilbh*), *g* (*fearg*), or *m* (*gorm*). You can even hear it in the English spoken in Ireland. Many Irish people say "fil**u**m" instead of "film," for example.

Cultúr

Pádraic Mac Piarais was a Gaelic scholar, writer and educationalist who was executed for his leadership of the 1916 Easter Rising against British rule in Ireland. Máirín first calls him *"Mac Piarais"* and later *"an Piarsach."* Irish speakers sometimes drop the *Mac* and *Ó* elements of a surname and form a new title using the article and the suffix *-ach*. This is particularly useful when referring to well-known or historical figures such as the writer Máirtín Ó Cadhain, or *"an Cadhnach."* Practice by rewriting the names of the following literary and historical figures along the lines of *Mac Piarais/an Piarsach*.

1. Seán Ó Ríordáin   an _____
2. Micheál Ó Coileáin   an _____
3. Máire Mhic Róibín   an _____

INTERVIEW 1 — Máirín Nic Dhonncha describes her native Conamara.

Is as Conamara mé, as Gaeltacht Chonamara—baile beag tuaithe, Béal an Daingin, atá suite i mbéal Chuan an Fhir Mhóir. Hmm, an teach inar rugadh is a tógadh mise, tá sé i mbéal an chuain, díreach le himeall na farraige agus ag breathnú síos díreach ar Oileáin Árann agus, á, nuair a bhreathnaím siar uaim tá Leitir Móir agus Oileán Gharmna agus soir uaim tá Cuan na Loinge agus an Cheathrú Rua. Ceann de na háiteacha is deise ar domhan. Mar a dúirt mé, is baile an-bheag atá ann—tá siopa amháin agus Teach an Phosta, dhá theach tábhairne agus tá ceann de na galfchúrsaí is deise in Éirinn thart ar mhíle soir an bóthar uaim—galfchúrsa, galfchúrsa Eanach Mheáin. Tagann daoine—tá, tá an-cháil ar an ngalfchúrsa áirid sin—tagann galfairí ar fud na hÉireann, ó cheantair ar fud na hÉireann, hmm, leis an ngalfchúrsa a imirt. Tá sé, arís, ar imeall na farraige, ar ndóigh, mar tá an fharraige thart timpeall orainn. Ansin, ag breathnú trasna an chuain ar Ros Muc, áit atá fíorstairiúil freisin, dar ndóigh, is ann a chónaigh Pádraic Mac Piarais agus deirtear gur thug go leor de chinnirí, hmm, Éirí Amach na Cásca cuairt ar an bPiarsach nuair a bhí sé ina chónaí ansin.

Segment 2

00:01:26

Watch Interview 2, in which Muiris Ó Laoire talks about where he was born and raised. Then go on to the notes and activities below.

Saibhriú focal

Watch the interview again and pick out the Irish equivalents of the following words and phrases:

1. I was born and raised in . . .   _____
2. out of the ordinary   _____
3. a short time ago   _____
4. when I was growing up   _____

Ó Ghaeltacht go Gaeltacht

A. Irish has thankfully few irregular verbs—eleven in all. These include some of the most commonly used verbs, such as *feicim* (I see). Alongside the standard forms of these irregular verbs are dialect forms that are very common in certain Gaeltacht areas. One such form is *chím*, which Muiris uses instead of *feicim*: *go gcífeá capaill agus cairt, chífeá chomh maith an trácht seo, ní chíonn tú sin a thuilleadh.* You'll notice this form in many of the interviews with speakers from Munster. Ulster speakers say *chím* as well, but with a slightly different pronunciation.

B. You may notice that Muiris says *thá* instead of *tá*. You'll notice this lenition, or *séimhiú*, in some of the other interviews with Munster speakers.

C. Muiris uses a few words you may not have heard before or may know in a more standard form:

   Tráigh = *trá*
   Fé = *faoi*. *Fé* combines with the article *an* to make *fén* = *faoin*.
   Dúthaigh = *dúiche*
   San = *sin*
   Ansan = *ansin*

Ceantar dúchais

Feasacht teanga

Muiris uses some "filler" words that are very useful for buying time in a conversation, while you think about exactly what you want to say. These are *abair* (say, or for instance), *cuir i gcás* (for instance) and *mar a déarfá* (as you might say). A phrase similar to *mar a déarfá* is often used when speakers don't know or have forgotten a word in Irish and want to use English instead. In such a situation they might say *mar a deir an Béarla* (as they say in English). You'll hear people say things like *Bíonn sí ag obair le **computers**, mar a deir an Béarla* if they don't know the Irish word *ríomhaire*.

INTERVIEW 2 **Muiris Ó Laoire talks about where he was born and raised.** ◆ Rugadh agus tógadh mise in áit, hmm, arb ainm an Tóchar, amuigh fén tuath, á, thart ar sé mhíle dhéag ón áit seo agus, níl aon rud as an ngnách, mar a déarfá, an gnáthrud a shamhlófá le háit tuaithe ar bith, le baile fearainn, ach amháin go bhfuil sé seo in aice na tráigh'. Agus, hmm, ana-chiúin, ana-shíochánta—turasóirí a thagann ansin i rith an tsamhraidh mar thá sé in aice le Baile Thaidhg, is é sin sráidbhaile a bhfuil cáil air ó thaobh na turasóireachta de agus ceann eile ansan, Baile an Bhuinneánaigh—*so* tá an áit suite ansin idir an dá bhaile san, agus mar sin de bíonn trácht turasóireachta ann i gcónaí, abair.

Ach taobh amuigh de sin tá na feirmeoirí, agus sin athrú amháin a bhraithim anois, go bhfuil go leor tithe nua tógtha san áit agus nach bhfuil an oiread san feirmeoirí san áit agus a bhíodh—tá athrú ansan. *So* tá daoine anois athá ag obair anso, cuir i gcás, i mbaile Thrá Lí, agus a dteastaíonn uathu ansan bogadh amach fén tuath, *so* tá tithe ansan, tógtha amach sa dúthaigh—go leor tithe nua ansan anois le déanaí. *So* sin athrú amháin, nach bhfuil an oiread feirmeoirí ann agus a bhíodh. Is cuimhin liomsa, abair, agus mé ag fás aníos i mo bhuachaill óg, go gcífeá capaill agus cairt, agus b'in an cineál, an cineál "trácht a"—bhíos ag caint ansan fé thrácht turasóireachta ó chianaibh, ach chífeá chomh maith an trácht seo, trácht na gcapall agus trácht na gcairteanna agus na feirmeoirí ansan ag taisteal chun an *creamery*. Ach ní chíonn tú sin a thuilleadh. Á, tá tithe breátha nua galánta tógtha, tá an tsráid chomh niamhrach, chomh hálainn agus a bhí riamh agus tá an áit ana-chiúin fós agus is breá liom an áit san dáiríbh.

Segment 3   00:03:23

Watch Interview 3, in which Bosco Ó Conchúir describes some of the changes in his part of County Kerry. Then go on to the notes and activities below.

Saibhriú focal

Watch the interview again and pick out the Irish equivalents of the following words and phrases:

1. back in the forties   _____
2. to emigrate   _____
3. instead of   _____

Ó Ghaeltacht go Gaeltacht

A. Like many speakers of Munster Irish, Bosco prefixes the participle *do* to verbs in certain tenses: *mar an t-am san, do bhí*... This participle has fallen out of use in other dialects, with the exception of verbs beginning with a vowel or *fh* + vowel in the following tenses:

   Past tense: *d'éirigh mé*
   Conditional: *d'éireoinn*
   Past habitual: *d'éirínn*

B. Bosco uses a few words you may not have heard before or may know in a more standard, written form:

   Deireann = *deir*
   So = *seo*

San = sin
Tarluinte = tarluithe
Fachta = faighte
Sall. This word has a similar meaning to *anonn*, "across" or "over to the other side."
Mar sin fhéinig = mar sin féin

An teanga

Below are four feminine nouns from the interview. What can you say about how the article *an* effects the beginning of each noun?

1. *An fheirmeoireacht*
2. *An iascaireacht*
3. *An déiríocht*
4. *An turasóireacht*

Feasacht teanga

We've already described a few features of Munster Irish and noted how some forms differ from their "standard" counterparts. So just how is a learner to know what's "standard" and what's "dialect?" Firstly, you have to know how to use the most authoritative Irish-English dictionary, Niall Ó Dónaill's *Foclóir Gaeilge-Béarla* (Dublin: An Gúm, 1977). Ó Dónaill's team was asked to propose a single, standard form for words that are pronounced and spelled differently from one Gaeltacht area to another.

These standard spellings are to be used in official documents aimed at a national audience. However, Ó Dónaill didn't want to give the impression that local Gaeltacht forms were "wrong" in any way. He compromised by including the dialect forms as *variants* of the standard form. For example, when you search the dictionary for *fé* you are given the following information: *fé = FAOI*. This means that *fé* is used in dialect but that *faoi* is the standard form and the main heading in the dictionary. Definitions and all grammatical information about gender, plural, etc. are given under the main heading. Of course, you are free to use whatever form you like in your own speech, in your e-mails and letters, in your diary and in all kinds of creative writing.

INTERVIEW 3 **Bosco Ó Conchúir describes some of the changes in his part of County Kerry.** ◆ Bhuel, fé mar a deireann tú, rugadh mé sa cheantar so, ceantar . . . Baile na nGall, ceantar na Carraige, Séipéal na Carraige agus, siar sna daichidí, is dócha. Agus is féidir a rá go bhfuil an-chuid athraithe tarluinte ón uair sin. Tá an áit, is dócha, fachta níos saibhre ná mar a bhíodh, mar an t-am san do bhí . . . ní bhíodh aon obair le fáil sa cheantar. Bhí ar gach duine dul ar imirce, sall go Meiriceá nó sall go Sasana agus is beag duine a fhill ar ais. Hmm, tá an saol athraithe go mór ó shin, hmm, ar ana-chuid slite, mar shampla an fheirmeoireacht—tá sé athraithe, tá siad . . . an, an déiríocht, tá sé ag teip. Hmm, tá an iascaireacht teanntaithe is dócha aige cuótaí, cuótaí agus, ach mar sin fhéinig tá borradh mór ar an dturasóireacht agus tá borradh mór ar thionscal, á, ar an tógála agus in ionad daoine bheith ag imeacht tá daoine ag teacht abhaile agus ag filleadh abhaile agus, hmm. So, sin athruithe móra.

AONAD 2

An teaghlach
The family

Segment 1   00:04:45

Watch Interview 1, in which Ciara Ní Shé describes her family and a new arrival. Then go on to the notes and activities below.

Saibhriú focal

Watch the interview again and pick out words and phrases that have the same meaning as the following Irish words and phrases:

1. *beagnach ceithre mhí*   _____
2. *múscailte*   _____
3. *tuirse mhór*   _____
4. *tá sé go hiontach*   _____

(Note that Ciara uses the word *teaghlach* to refer to her husband and baby. The word *clann* usually refers to the children only.)

Ó Ghaeltacht go Gaeltacht

A. Speakers of Munster Irish are much more likely to use "synthetic" verbs, that is, forms in which the verb and the person are joined together in one word. These are known in Irish as *foirmeacha táite*. Examples here include *táim* (*tá* + *mé*) and *chímid* (*chí* + *muid*). A more unusual example is *dúrt* (*dúirt* + *mé*), because we don't actually hear the pronoun *mé*.

B. Ciara uses a few words you may not have heard before or may know in a more standard, written form:

Tháim = táim
Fuirist = furasta
Feiscint = feiceáil
Athá = atá

C. Also notice that the word *féin* is more often than not pronounced as *fhéin*.

D. You may have noticed that Ciara says *ceann des na hathruithe* where one might expect *ceann de na hathruithe*. This *s* is a feature of prepositions with plurals in Munster Irish. Here are some examples from other interviews: *nuacht ós na ceantair eile, duine des na deirfiúracha agam*.

INTERVIEW 1 **Ciara Ní Shé describes her family and a new arrival.** ◆ Tá, mo theaghlach fhéin. Bhuel, tháim pósta le sé bliana agus saolaíodh iníon óg dom ansan mí Márta seo caite, so thá sí nach mór ceithre mhí, agus athrú mór ab ea é nuair a tháinig sí isteach inár saol, ach thá sí go haoibhinn. Agus, hmm, m'fhear céile, Frank, is as Contae na Mí dó ó dhúchas ach oibríonn sé ar an bhfarraige, oibríonn sé le comhlacht farantóireachta, agus téann sé go Baile Átha Cliath ar feadh seachtaine agus ansan bíonn sé aige baile ar feadh seachtaine. Agus Méabh, mar a dúrt, tá sí ceithre mhí d'aois agus is leanbhín ciúin í, thá sí go maith agus bíonn sí lán spóirt, saghas, i rith an lae, agus is breá léi, saghas, dul amach ag siúl agus . . . Tá sí ciúin, tá sí go maith, tá sé saghas fuirist aire a thabhairt di.

Bhuel, is dócha, cloiseann tú, abair, ó gach aon duine nuair a bhíonn siad ag rá, "Ó bhuel ní bheidh aon chodladh agat," agus, "beidh sé ana-dheacair duit," saghas, agus, "beidh tú saghas i do dhúiseacht i rith na hoíche," agus is dócha gurb in é ceann des na hathruithe ba mhó ná an éirí ar a dó a chlog ar maidin agus ar a ceathair a chlog ar maidin agus ar a sé a chlog ar maidin. Ach tar éis cúpla seachtain, saghas, shocraigh sí síos. *So* b'in athrú ana-mhór, saghas, an easpa codladh agus an traochadh so a bhaineann le leanbh óg a bheith agat. Ach, is dócha anois an t-athrú is mó a chímid ná tá triúr againn ann anois, saghas, ní féidir leat, saghas, bailiú leat isteach chun an Daingin nuair a oireann sé duit nó ní féidir leat, saghas, dul ag siopadóireacht. Caithfidh tú cuimhneamh air go bhfuil leanbh óg agat agus, saghas, caithfidh ullmhú dó san agus tú ag imeacht, saghas. Bíonn ana-chuid, hmm, bagáiste nó rudaí le hiompar agat nuair a bhíonn leanbh agat agus thá sé deacair, saghas, bheith ag imeacht timpeall baile an Daingin agus chíonn tú na háiteanna gur féidir leat dul isteach ann dá mbeadh Méabh i do theannta agus áiteanna eile nach féidir leat dul isteach ann má thá *buggy* beag nó *pram* agat, saghas.

Hmm, rudaí eile, is dócha, saghas, tá sé go diail í a fheiscint fós agus an t-athrú agus an fhorbairt athá ag teacht uirthi gach aon lá, agus, saghas, an sásamh a thugann sí dúinn. *Yeah.*

Segment 2   00:06:40

Watch Interview 2, in which Tomás Ó Ruairc tells us about his brothers and sisters. Then go on to the notes and activities below.

Saibhriú focal

Tomás uses a number of modern Irish terms. New terms are sometimes loanwords from English, for example, *morgáiste* from "mortgage." Sometimes existing words are dusted down and given a slightly new meaning. *Ríomhaire* originally meant "counter" or "calculator" but now means "computer." "Software" is translated directly into Irish as *bogearraí*. The best source for modern Irish terminology is the searchable online database www.focal.ie.

Ó Ghaeltacht go Gaeltacht

A. You may have noticed the *s* sound at the end of *a thugann* and *a bíonn*. This is very strong in Conamara, where Tomás learned his Irish.

B. Tomás uses another dialect form which may not be familiar to you, that is, *tádar* = *tá siad*.

An teanga

Beirt (two people) is one of a special set of numerals known in Irish as *uimhreacha pearsanta* (personal numerals). They are mostly used for counting people rather than things. Tomás uses another personal numeral, *seachtar* (seven people).

Beirt is unusual in that it sometimes lenites the beginning of a following noun. What can you say about lenition after *beirt* based on the examples below?

Beirt mhúinteoirí	*Beirt deartháireacha*	*Beirt fhoghlaimeoirí*
Beirt tuismitheoirí	*Beirt pháistí*	*Beirt saighdiúirí*

Foghraíocht

Tomás uses the emphatic pronouns *seisean* and *sise* when describing his brothers and sisters, for example, *tá seisean cúig bliana níos sine ná mé* and *tá sise ag obair le banc.* Notice that there is no particular stress on these pronouns, unlike the English "**he** is five years older than me" or "**she** works in a bank." Unfortunately many learners replicate the stress of English in their Irish and say things like *Tá **sí** ag obair le banc.* This sounds very unnatural in spoken Irish. Try instead to use the forms below:

mise	*sinne* or *muidne*
tusa	*sibhse*
seisean	*iadsan*
sise	

INTERVIEW 2 **Tomás Ó Ruairc tells us about his brothers and sisters.** ◆ Tá seachtar i mo chlann ar fad. Á, beirt tuismitheoirí, beirt deartháireacha níos sine ná mé agus beirt deartháireacha níos óige ná mé. Hmm, is mise an mhuicín sa lár, mar a déarfá. Agus mo bheirt deartháireacha, tádar beirt ag obair le ríomhairí. Hmm, an deartháir is sine—Pól—tá seisean ina chónaí i Nás na Rí i gContae Chill Dara agus an dara deartháir ansin—Ciarán—tá seisean cúig bliana níos sine ná mé agus tá seisean ag obair i gcomhlacht beag bogearraí anseo i lár na cathrach anseo i mBaile Átha Cliath. Agus ansin mé féin agus Caitlín, mo dheirfiúr, hmm, is múinteoir bunscoile í, i nGaelscoil in iarthar, bhuel, iarthar na cathrach, b'fhéidir iarthar an chontae—Leamhcán. Agus ansin an deirfiúr is óige—Ruth, nó Ruthie mar a thuganns muidne uirthi—tá sise ag obair le banc anseo i lár na cathrach, banc a bhíonns ag plé le morgáistí go príomha.

Segment 3   00:07:32

Watch Interview 3, in which Cian Marnell describes relationships between members of his family. Then go on to the notes and activities below.

Saibhriú focal

Cian uses some very useful phrases that learners can adapt to make their own sentences. The first is *Murab ionann le dream mo mhná féin,* which translates as "Unlike my wife's people." Another useful structure is *mar a bheadh X* or *mar a bheadh X ann.* When likening or comparing one thing to another, you can replace *X* with any noun you like, for example, *Labhraíonn sí Gaeilge mar a bheadh cainteoir dúchais ann,* which translates as "She speaks Irish like a native." Translate the following sentences into Irish:

1. He's very quiet, unlike his brother. _____
2. She sings like a angel. _____
3. I work hard—unlike some people! _____
4. He drives like a madman. _____

Ó Ghaeltacht go Gaeltacht

Cian uses a few words you may not have heard before or may know in a more standard, written form:

Maireachtaint = maireachtáil
Chuile dhuine = gach uile dhuine
Éicint = éigin

INTERVIEW 3 **Cian Marnell describes relationships between members of his family.** ◆ Is daoine maithe iad ar fad. Ní dhéanann siad drochrudaí agus, hmm, tá grá áirithe eadrainn ar fad, níl aon amhras faoi sin. Ach ós rud é go bhfuil na pearsantachtaí chomh láidir sin ní bhímid ag maireachtaint i bpócaí a chéile, mar a déarfá, in aon chor. Murab ionann anois le dream mo mhná fhéin. Is as clann mhór tuaithe í siúd agus, hmm, bíonn a fhios ag gach aon duine sa teaghlach cá bhfuil gach aon duine eile sa teaghlach an t-am ar fad. Agus d'fhéadfá a shamhlú san oíche go mbíonn léarscáil acu agus go gcuireann siad pionnaí beaga sa chruinne, ag mapáil cá bhfuil chuile dhuine ar an domhan, mar tá siad scaipthe ar fud na cruinne. Hmm, agus aon deis a fhaigheann siad, filleann siad ar fad ar an mbaile, mar a bheadh coiníní. Ní mar sin atá muidne in aon chor. Fanann muid amach óna chéile go dtí, go dtí go mbíonn ócáid mhór éicint agus, ansan, bainimid ana-chomhluadar agus ana, ana-shásamh as comhluadar a chéile go ceann cúpla uair an chloig agus, scaipimid. Agus is mar sin is fearr dúinne é. Hmm, sin an cineál teaghlaigh atá ionainne.

Segment 4

00:08:38

Watch Interview 4, in which Cathal Ó Searcaigh recalls finding a wife for his adopted son, Prem Timalsina. Then go on to the notes and activities below.

Ó Ghaeltacht go Gaeltacht

A. You may have noticed that Cathal says *An chéad bhean go ndeachaigh mé a dh'amharc uirthi.* You might have expected him to use the word *ag* and say *ag amharc uirthi.* This feature of Donegal Irish appears with verbs that imply movement or activity. *Dh* is prefixed to verbs that begin with a vowel and verbs beginning with a consonant are lenited. Here are some examples from the interviews:

- *Chuaigh mé a mhúinteoireacht ansin*: I began teaching then.
- *Thosaigh an carr a bhogadh*: The car began to move.

B. Cathal uses a few words you may not have heard before or may know in a more standard form:

Inteacht (pronounced *in-neart*) = *éigin*
Amharc. This word has a similar meaning to *breathnú* or *féachaint*.

An teanga

One of the most important skills in speaking Irish is the correct use of prepositions, or *réamhfhocail*. The sense of a phrase can change completely depending on which *réamhfhocal* is used. See for example:

tuigim	I understand
tuigim duit	I empathize with you
tuigim as	I get the gist of it

Below are English translations of ten sentences from this unit. The original sentences are given too, but with gaps. Without consulting the interview texts, complete the originals using the correct preposition and, if necessary, the correct verb.

1. It's kind of easy to look after her.
   Tá sé saghas fuirist aire a _____ _____.
2. The exhaustion that goes with having a young child.
   An traochadh a _____ _____ leanbh óg a bheith agat.
3. The way she develops each day.
   An fhorbairt a _____ _____ gach aon lá.
4. He is a native of County Meath.
   Is _____ Contae na Mí ó dhúchas _____.
5. Ruthie, as we call her.
   Ruthie, mar a _____ _____.
6. They return home, just like rabbits.
   Filleann siad _____ an mbaile mar a bheadh coiníní.
7. That's what's best for us.
   Is mar sin is fearr _____ é.
8. We greatly enjoy each other's company.
   _____ ana-shásamh _____ comhluadar a chéile.
9. I had to make a decision.
   Bhí _____ cinneadh a dhéanamh.
10. He has a good education.
    Tá léann maith _____.

INTERVIEW 4 **Cathal Ó Searcaigh recalls finding a wife for his adopted son, Prem Timalsina.** ◆ Anois tá sé pósta agus bhí baint nach beag agam leis an chleamhnas mar, i Neipeal, hmm, ní maith leo an rud a dtugann siadsan *love marriages* orthu. Hmm, tá na póstaí ar fad go nglactar leo, is cleamhnais iad. Agus is cuimhneach liomsa nuair a bhí Prem le pósadh bhí triúr ban ar an ghearrliosta. Roghnaíonn teaghlach 's aige fhéin triúr agus bhí ormsa cinneadh a dhéanamh cé acu de na mná seo a bheadh fóirsteanach do mo Phrem. An chéad bhean go ndeachaigh mé a dh'amharc uirthi, bhí, hmm, breid thart ar a ceann agus ní thiocfadh liom aghaidh 's aici a fheiceáil. Anois, níl a fhios agam cé acu a raibh máchail nó smál de chineál inteacht uirthi, ach ní raibh sí sásta an scairf seo a bhaint dena haghaidh. Agus, bhuel, ní raibh mé róshásta leis sin. An dara bean, bhí sí, an dara cailín, bhí sise galánta, ach ní raibh léamh ná scríobh aici agus sin ceann de na rudaí gur theastaigh uaim, hmm, do Phrem, go mbeadh léamh agus scríobh ag cá bith a roghnóinn dó, mar tá léann maith airsean. Ansin an tríú bean, bhí sí galánta agus bhí léamh agus scríobh aici agus dúirt mé le Prem, "Seo an bhean duitse." Agus tá siad iontach sona lena chéile. Tá, anois, beirt pháistí acu—gasúr beag, á, Presanth, agus tá cailín beag cúig mhí acu anois.

AONAD 3

Obair
Work

Segment 1 00:10:41

Watch Interview 1, in which Úna Nic Gabhann talks about managing her own restaurant, Caife Úna. Then go on to the notes and activities below.

Saibhriú focal

A. Watch the interview again and pick out the Irish equivalents of the following words and phrases:

1. I have to
2. menu
3. dishes
4. drudgery, slavery

B. One of the useful phrases Úna uses is *ciallaíonn sé sin go,* which translates as "that means." She also says *fá choinne* a few times, which means "for" or "for the purpose of." Because it is made up of two words, it's referred to as a *réamhfhocal comhshuite* or "compound preposition." All compound prepositions have the effect of placing nouns in the genitive case. Examples from the interview are *fá choinne lóin agus dinnéir* and *fá choinne **na** hoíche.* Practice these phrases by translating the following sentences:

17

1. I haven't got a car, which means I walk a lot.
   _____
2. Are you ready for the class?
   _____
3. Does that mean that you won't be coming?
   _____
4. Take with you a good book for the journey.
   _____

Ó Ghaeltacht go Gaeltacht

Úna uses a few words you may not have heard before or may know in a more standard form:

Gnaitheach = gnóthach
Fá = faoi. Fá combines with the article *an* to make *fán = faoin.*
Scaifte = scata
Domh / domhsa = dom / domsa

INTERVIEW 1 **Úna Nic Gabhann talks about managing her own restaurant, Caife Úna.** ◆ Bhuel, caife, bialann atá ann, hmm, agus mar sin, bhuel osclaíonn muid ar a haon déag agus tá muid oscailte fá choinne lóin agus dinnéir. So, ciallaíonn sé sin . . . tagaim isteach ar leath i ndiaidh a deich le réidh a dhéanamh don lón, an biachlár a scríobh agus a athrú, mar go n-athraíonn an biachlár gach lá. Hmm, bíonn muid iontach gnaitheach ag am lóin agus ansin, thart fán trí a chlog, éiríonn sé rud beag níos ciúine. Ach bíonn na soithí le ní, bíonn an biachlár oíche le réiteach agus ar a sé a chlog ansin bíonn muid réidh fá choinne na hoíche. Agus, de ghnáth, dúnann . . . dúnann an chistin ar leath i ndiaidh a naoi nó a deich a chlog ach má tá scaifte istigh ag ithe agus ag ól, go minic bíonn sé a haon a chlog ar maidin faoin am is a bhíonn muid críochnaithe. Hmm, *so* sin é i ndáiríre, sin an cineál . . . an sclábhaíocht a bhíonn ar siúl ach taobh thiar de sin chomh maith bíonn an chuntasaíocht agus a leithéidí sin le déanamh chomh maith. *So*, obair chrua i ndáiríre.

An strus is mó a bhaineann leis an obair domsa i ndáiríre ná, hmm . . . an t-airgead agus i gcónaí a bheith buartha faoi, "an mbeidh go leor daoine istigh," nó, "an mbeidh an gnó maith an tseachtain seo le daoine a íoc," agus a leithéid. *So* tá muid ag an phointe sin go fóill, an chéad bhliain den ghnó, is dócha. *So* bíonn strus ann. Chomh maith leis sin is féidir le custaiméir, droch-chustaiméir, a bheith agat atá sásta a bheith ag gearán faoi gach uile rud. Agus go minic, ní féidir leat rud ar bith a dhéanamh leis an duine sin a shásamh i ndáiríre. *So*, sin an strus is mó a bhaineas leis.

Segment 2 00:12:04

Watch Interview 2, in which Green Party politician Trevor Sargent T.D. talks about the transition from his former work as a schoolteacher. Then go on to the notes and activities below.

Saibhriú focal

A. Referring to his tight schedule, Trevor mentions *cúrsaí ama*. The plural of the word *cúrsa* is often used like this, to mean "matters" or "circumstances." How would you translate the following sentences into English?

1. *Bhíomar ag caint le chéile faoi chúrsaí an tsaoil.*

2. *Tá eolas maith aici ar chúrsaí dlí.*

3. *Níl aon suim agam i gcúrsaí spóirt.*

B. Now try to compose two sentences of your own using *cúrsaí* idiomatically.

Cultúr

Even though business in the Irish parliament is largely carried out in English many of the titles of office are in Irish.

Uachtarán na hÉireann	President of Ireland
An Taoiseach	The Prime Minister
An Tánaiste	Deputy Prime Minister
Ceann Comhairle	The Speaker
Dáil Éireann	The Irish Parliament
Teachta Dála (T.D.)	Member of Parliament

The Irish legislature has two houses, referred to generally as *Tithe an Oireachtais*. One of the houses is *Dáil Éireann* and the other is *an Seanad*, or "Senate." Translators are always present to facilitate members who want to speak in Irish. All legislation is translated into Irish and can be accessed at the website www.achtanna.ie.

INTERVIEW 2 **Green Party politician Trevor Sargent T.D. talks about the transition from his former work as a schoolteacher.** ◆ Bhuel, is athrú mór é ó thaobh cúrsaí ama de mar níl mórán ama agam tar éis oibre, mar shampla. Inniu, mar shampla, tá an Dáil ina suí suas go dtí meánoíche agus beidh vótáil ann agus ní bheidh deis agamsa, hmm, mórán codlata a fháil gan trácht ar aon rud eile, mar beidh an Dáil ina suí arís maidin, maidin amárach go luath arís. Agus sin an sórt saoil atá ann. Gan amhras bíonn laethanta saoire ann ach, i gcónaí, de bharr go bhfuil tú i gcomórtas, go mbíonn tú i gcomórtas le Teachtaí Dála eile . . . má théann tú ar saoire beidh Teachtaí Dála eile ag déanamh a gcuid oibre agus beidh tusa ag cailliúint ama agus mar sin de. Agus bíonn an comórtas sin ann i gcónaí, is cuma má tá an Dáil ina suí nó mura bhfuil an Dáil ina suí. Bíonn comórtas ann agus obair ar siúl sa Dáilcheantar i gcónaí.

Segment 3

00:13:15

Watch Interview 3, in which Noel Ó Gallchóir recalls how it took him some time to find his calling as a teacher. Then go on to the notes and activities below.

Saibhriú focal

A. After watching the interview, try to fill the gaps in the sentences below with the correct preposition and / or verb.

1. To try something.
   Triail a _____ _____ rud éigin.
2. Involved in education.
   Ag plé _____ hoideachas.
3. What is right for you.
   An rud is dual _____.
4. To enjoy something.
   Sult a _____ _____ rud éigin.

B. Noel uses some "filler" words which are very useful for buying time in a conversation, while you think about exactly what you want to say. These are *cineál de* (sort of) and *ar scor ar bith* (anyway).

C. Notice that Noel says *dhá scór* instead of *daichead* or *ceathracha*. In spite of decimalization, it's quite common for people to count in twenties, at least up to eighty.

Ó Ghaeltacht go Gaeltacht

A. The prepositions *de* and *do* are among the most common in Irish. *De* generally means "from," "off," or "of," and so the phrase *cineál de* means "sort of." *Do* means "to," but because the two prepositions sound so alike they are regularly confused with each other. What Noel actually says sounds like *cineál dó*. You'll hear this a lot in the interviews with native speakers from all areas.

B. Noel uses a few words you may not have heard before or may know in a more standard form:

Is dóiche = *is dócha*
Fosta. This word is identical in meaning to *freisin* and *chomh maith*.
Traidhfil. A few, or some.

C. You may notice that Noel pronounces *m'anam* as if it were written *m'aram*.

INTERVIEW 3 **Noel Ó Gallchóir recalls how it took him some time to find his calling as a teacher.** ◆ Bhuel, nuair a bhí mé ar an mheánscoil mé fhéin, shíl mé i gcónaí go mbeadh dúil agam sa mhúinteoireacht, cineál de, bhí dúil agam i gceird na múinteoireachta, shíl mé. Agus nuair a d'fhág mé an scoil ansin—ní raibh mé ach sé bliana déag san am nuair a bhí cúig bliana déanta agam ar an mheánscoil—bhuel bhain mé triail an chéad uair as an tsagartóireacht agus chaith mé cúig bliana i gColáiste Phádraig i Maigh Nuad mar ábhar sagairt. Ach ní raibh . . . shocraigh mé ansin, cineál de, go bhfágfainn ar feadh bliana ar scor ar bith agus chuaigh mé a mhúinteoireacht ansin agus tá mé ag múinteoireacht ó shin. Agus sílim b'fhéidir go raibh sé sa teaghlach fosta, á . . . múinteoir bunscoile a bhí i m'athair agus chaith sé, m'anam, dhá scór bliain ag múinteoireacht. Agus traidhfil de mo chuid deartháireacha agus de mo chuid deirfiúracha fosta, á, múinteoirí atá iontu. Agus fiú amháin sa tsamhradh anois, le traidhfil maith blianta anois, bím ag teagasc ar chúrsaí Gaeilge do dhaoine fásta agus do dhéagóirí sa tsamhradh, agus bainim sult mhór as sin. Agus, is dóiche, ós rud é go bhfuil tú ag plé le hoideachas an chuid eile den bhliain, agus go ndéanann tú i rith an tsamhraidh é—bhuel, m'anam, go ndeireann tú leat fhéin, "Bhuel, gur sin do cheird. Gur sin, gur sin an rud atá, gur sin an rud is dual duit."

Segment 4
00:14:25

Watch Interview 4, in which Dara Ó Cinnéide describes his work with the Irish language radio station, RTÉ Raidió na Gaeltachta. Then go on to the notes and activities below.

Saibhriú focal

Watch the interview again and pick out the Irish equivalents of the following words and phrases:

1. I'm involved with
2. current affairs
3. description, account
4. and so on
5. editing
6. insight

Ó Ghaeltacht go Gaeltacht

A. Notice that Dara uses the word *caid* for Gaelic football, which is known elsewhere as *peil ghaelach*.

B. *Cleas* is a word commonly used in Munster Irish for "a group" or "gang."

C. *Cláracha* is a variant plural of *clár*. The standard plural is *cláir*. Sometimes the unstandard plurals are more common than the forms suggested in the dictionaries, and some nouns have a number of different plurals. The linguist Niall Ó Dónaill once said that the word *crann* (tree) had more plural forms than there were trees in the Gaeltacht!

Cultúr

RTÉ Raidió na Gaeltachta began broadcasting in 1972. The original few hours of programming has developed into an all-day service, available nationally. You can listen live to RTÉ Raidió na Gaeltachta, and access many archived programs, at www.rte.ie/rnag.

INTERVIEW 4 **Dara Ó Cinnéide describes his work with the Irish language radio station, RTÉ Raidió na Gaeltachta.** ◆ Bhuel, de ghnáth, bíonn baint agam le cláracha spóirt agus cláracha nuachta agus cláracha cúrsaí reatha. Tá clár amháin spóirt agam ar a nglaoitear *Spórtiris na nÓg*. Freastalaíonn sé sin ar an suim athá ag an gcleas óg, ar fuaid na hÉireann, go deimhin, i gcúrsaí spóirt. Téim isteach go dtí Gaelscoileanna agus buailim leo agus deineann siad cur síos dom ar chraobh caide uile-Éireann athá buaite acu nó corn dornálaíochta athá buaite acu le déanaí agus mar sin de.

Maidir le cúrsaí nuachta, deinim *Nuacht an Deiscirt* anseo go minic agus bím ag obair ar *Nuacht* agus ag caint le muintir na nDéise agus muintir Mhúscraí agus, mar sin, ag fáil scéalta agus ag ullmhú scéalta dóibh agus á gcur in eagar agus á gcur amach ansan ar an aer. Agus ó thaobh cúrsaí reatha tá clár againn anseo gan dabht, *An Saol Ó Dheas* agus bím mar ancaire air sin uaireanta anois is arís agus clár comhrá agus cainte é sin chomh maith, a thugann léargas do phobal na Gaeltachta, ó dheas anseo ach go háirithe, ar a bhfuil ag tarlúint ina ndúthaigh fhéin.

AONAD 4

Caitheamh aimsire
Pastimes

Segment 1 00:15:36

Watch Interview 1, in which Máirín Nic Dhonncha describes her favorite form of relaxation. Then go on to the notes and activities below.

Saibhriú focal

A. Can you think of Irish equivalents for the following words and phrases from the interview?

Example
Taitníonn sin go mór liom   *Is maith liom sin go mór /*
                                   Tá dúil mhór agam ann

1. *cuidíonn sé liom*   _____
2. *ó thaobh strusa de*   _____
3. *le hais na farraige*   _____
4. *ó thráth go chéile*   _____

B. *Scéinséir* is a newly-coined word that means "thriller." Using the dictionary, find the elements from which the word was formed. *Beathaisnéis* is a compound word, or *comhfhocal*. Its second element is the word *faisnéis*. Using the dictionary, find out how the word was formed. Can you think of any other compound words that contain the element *(f)aisnéis*?

INTERVIEW 1   Máirín Nic Dhonncha describes her favorite form of relaxation. ◆ Á, is maith liom bheith ag siopadóireacht. Taitníonn sin go mór liom. Cuidíonn sé liom ó thaobh strusa de agus má bhím faoi bhrú, á, is maith liom dul amach chuig na siopaí. Ach chomh maith leis sin tá, tá . . . tá mé i mo chónaí le hais na farraige agus, á, téim ag snámh go rialta. Hmm, go háirithe, go . . . sa samhradh den chuid is mó ach téim amach ó thráth go chéile sa ngeimhreadh freisin. Á, taitníonn siúlóid go mór liom, agus déanaim ana-chuid léitheoireachta. Is breá liom scéinséirí agus, á, úrscéalta—ana-chuid beathaisnéisí freisin. *So*, taitníonn léitheoireacht go mór liom. Ach déarfainn gurb í an tsiopadóireacht an rud is mó a thugann faoiseamh dhom.

Segment 2   00:16:19

Watch Interview 2, in which Donncha Ó Cróinín tells how he became involved in amateur drama. Then go on to the notes and activities below.

An teanga

A. *Táim i mo bhall de chumann drámaíochta* translates as "I am a member of a drama society." This is a very useful and common structure. Let's see how it's put together:

The verb *bí* (e.g. *tá, bhí, beidh*, etc.)	The pronoun (e.g. *mé, tú, sé* etc.)	The preposition *i* + possessive adjective (e.g. *mo, do*, etc.)	Noun
Tá	*mé*	*i mo*	*mhúinteoir*

The preposition *i* combines with the possessive adjective to form *ina* and *inár*.

◆ *Tá sé ina mhúinteoir.*
◆ *Bhí sí ina ceoltóir breá.*

- *Táimid inár mic léinn.*
- *Tá siad ina ndochtúirí.*

This structure can be turned on its head and expressed as follows:

- *Múinteoir atá ann.*
- *Ceoltóir breá a bhí inti.*
- *Mic léinn atá ionainn.*
- *Dochtúirí atá iontu.*

Try to swap structures in the sentences below.

Example
Tá mé i m'fhoghlaimeoir Gaeilge.   *Foghlaimeoir Gaeilge atá ionam.*

1. _____.   *Polaiteoir a bhí ann.*
2. *Beidh sí ina scríbhneoir   _____.
   clúiteach amach anseo.*
3. _____.   *Cara maith atá ionat.*
4. *Bhí sé ina bhaile beag tuaithe   _____.
   an t-am sin.*

B. Some words have a special form, which is used after prepositions like *ar, i, le*, etc. *Éire* is one such word, which is why Donncha says *in Éirinn*. We take a closer look at this aspect of grammar in Aonad 14, Segment 2.

INTERVIEW 2 **Donncha Ó Cróinín tells how he became involved in amateur drama.** ◆ Táimse i mo bhall de chumann drámaíochta. Hmm, thosaigh mé air seo nuair a bhí mé, á, i mo chónaí thar lear. Agus cé go raibh suim agam i gcónaí i gcúrsaí drámaíochta, ní raibh mé riamh i mo bhall de chumann anseo in Éirinn. Ach, á, nuair a bhí mé thar lear, tugadh cuireadh dhom bheith páirteach i ndráma Béarla ag grúpa drámaíochta Béarla, thar lear. Agus ansin nuair a d'fhill mé ar Éirinn mheas mé go mbeadh sé go deas dul isteach i gcumann drámaíochta anseo in Éirinn. Agus, so, tá, tá . . . bímse ag canadh, bímse ag aisteoireacht agus, anois is arís, bímse ag damhsa. Agus cuirimid, cuirimid, á, seónna—ceoldrámaí den chuid is mó—ar bun. Á, na ceoldrámaí coitianta a bhíonns ar siúl de ghnáth—cinn Mheiriceánacha den chuid is mó.

Segment 3 00:17:18

Watch Interview 3, in which Muiris Ó Laoire explains how he came to love walking. Then go on to the notes and activities below.

Saibhriú focal

Watch the interview again and pick out the Irish equivalents of the following words and phrases:

1. a year and a half ago
2. health problems
3. reluctance
4. it greatly affected me / impressed me

Ó Ghaeltacht go Gaeltacht

Muiris uses a few words you may not have heard before or may know in a more standard form:

Tráigh = trá
Deinfead = déanfaidh mé
Thaithin = thaitin

INTERVIEW 3 Muiris Ó Laoire explains how he came to love walking. ◆ Is breá liom bheith ag siúl. Á, bliain go leith ó shin bhí fadhbanna sláinte agam, cé go ndúrt ansan ar ball go bhfuil cónaí orm in aice na tráigh'. Pé scéal é, bliain go leith ó shin bhí fadhbanna sláinte agam agus mhol an dochtúir dom dul ag siúl ar an tráigh agus dúrt, "Ó deinfead san," ach is le drogall a dheineas . . . a dheineas i dtosach é chun na fírinne a insint mar . . . níor thaithin sé liom. Ach ansan, b'fhéidir tar éis trí nó ceithre mhí, chuaigh sé i bhfeidhm go mór orm agus santaím anois é. An lá nach mbíonn an tsiúlóid agam ní bhím istigh ionam féin, bím cineál cráite nó . . . Ach, á, cinnte, agus ansan ceol. Is breá . . . tá ceol agam. Seinnim an giotár—ní rabhas riamh go maith aige, ach is breá liom a bheith ag éisteacht le ceol. Ceol ó thíortha eile agus ceol clasaiceach chomh maith. Hmm, go háirithe ceol na hAfraice. Is breá liom sin.

Segment 4   00:18:18

Watch Interview 4, in which Noel Ó Gallchóir describes how he spends the summer at home in Donegal. Then go on to the notes and activities below.

Saibhriú focal

The last line of Noel's interview contains the word *millteanach,* which is known in Irish as a *treisitheoir* and in English as an "intensifier." Like "very" or "terribly" in English it adds strength to the following adjective or preceding noun. Some *treisitheoirí* are adjectives in themselves, such as *millteanach, millteach* or *iontach.* Others are prefixes, such as *rí-, fíor-* and the very common *an-,* which is pronounced *ana-* in Munster. The prefix *ró-* means excessive, but is also used as an intensifier. Here are some examples from the interview texts:

Ros Muc, áit atá **fíor**stairiúil freisin.
Ní raibh mé **ró**shásta leis sin.
I bhformhór mór **millteach** na gcásanna.

Agus tá siad **iontach** sona lena chéile.
Is baile **an**-bheag atá ann.
Bhain mé sult **millteanach** as.

Translate the sentences below using an appropriate intensifier.

1. It's a very expensive hobby.

2. Soccer is a really boring sport.

3. I really enjoyed the game.

4. The guitar is extremely difficult to play.

Ó Ghaeltacht go Gaeltacht

A. Notice the *r* sound in the word *cnoc*, which sounds rather like *croc*. The same *r* sound is present in words like *gnó* and *gnáth*. This *r* sound predominates in Ulster and Connacht. This is in contrast to Munster, where the same words are pronounced *k-noc* and *g-nó*.

B. The irregular verb *chí* is used in Ulster but is pronounced as if written *tí*. It is sometimes written *tchí*.

C. Noel uses a few words you may not have heard before or may know in a more standard form:

Chíthear domh = feictear dom
Laetha = laethanta
Pilleadh = filleadh
Scíste = scíth
Ligint = ligean
Tá dúil agam i X. This structure has the same meaning as *Is maith liom X* or *Taitníonn X liom.*

Cultúr

The old territory of *Tír Chonaill* isn't quite the same as the modern county of Donegal. It doesn't include parts of the east of the county, for example. Nonetheless, the Irish-speaking areas are all within *Tír Chonaill*, and people talk about *Gaeilge Thír Chonaill* when referring to the Donegal dialect.

INTERVIEW 4 **Noel Ó Gallchóir describes how he spends the summer at home in Donegal.** ❖ Bhuel, bíonn daoine ag déanamh nuair a fheiceann siad mise, cineál de, ag dul thart i gcónaí, nach . . . nach bhfuil caitheamh aimsire ar bith agam, ach tá, tá a mhalairt fíor. Hmm tá dúil agam fhéin anois mar shampla—dhéanaim fhéin agus mo bhean chéile, dhéanann muid cuid mhór siúil. Á, chíthear domh anseo go bhfuil an t-ádh orainn anseo in iarthuaisceart Thír Chonaill, go bhfuil siúlóidí galánta ann. Caitheann muidne an samhradh anois . . . tráthnóna inné shiúil mé fhéin agus mo bhean agus Neasa, m'iníon, shiúil muid thart fá uair go leith. Á, ceann de na siúlóidí is deise a thiocfadh leat a fháil, ag fágáil Cé Mhachaire Rabhartaigh agus ag siúl ar feadh thart fá trí cheathrú uaire anonn—méile mór gainimh atá ansin—ag tarraingt ar Chorrán Binne agus ar ais arís. Agus téim fhéin, ar shiúl liom fhéin, go minic i ndiaidh lá scoile sa gheimhreadh ansin, suas hmm . . . tá cineál de chiorcal againn i nGort a' Choirce ansin suas bealach na gcnoc ansin agus glacann sé thart fá uair is ceathrú.

Agus tá dúil agam fhéin sa tsiúl anois agus imrím droch-ghalf ach tá dúil agam, tá dúil agam sa ghalf fosta mar tá sé amuigh faoin aer agus tá dúil agam ag déanamh rud beag garraíodóireachta thart fán teach. Agus bainim sult mór as laetha saoire. Tá dúil agam ag imeacht anois. Tá dúil agam an baile a fhágáilt agus, cosúil le laetha saoire ar bith, tá dúil agat ag imeacht agus ansin tá dúil agat ag pilleadh 'na bhaile arís. Ach tá sé tábhachtach do scíste a ligint cé acu . . . b'fhéidir nach bhfuil ann ach leathuair ag amharc ar an teilifís nó b'fhéidir nach bhfuil . . . ach ag léamh an pháipéir sa bhaile nó rud inteacht mar sin. Ach tá sé millteanach tábhachtach do scíste a ghlacadh.

Segment 5

00:19:45

Watch Interview 5, in which Bosco Ó Conchúir describes the pleasures of genealogical research. Then go on to the notes below.

Saibhriú focal

Notice the use of the word *ná* in the sentence *Ach an fhadhb leis na leabhartha sin ná teacht orthu*, which translates as "But the problem with those books is getting ahold of them." It's difficult to translate *ná* in this context, because it doesn't have an equivalent in English. It's often used to introduce a new clause in the sentence, which sheds some light on what came before it. Here are some examples from the interviews. Can you translate them?

1. *An t-aon rud a thig leo a dhéanamh **ná** dul go dtí an teach tábhairne.*

2. *Is é an bhrí atá leis **ná** "cruinn díreach."*

3. *An t-aon rud a rinne mé **ná** léim amach as an charr.*

Ó Ghaeltacht go Gaeltacht

A. Notice also the *g* sound in words ending in *-igh*: *ginealaigh* and *dúthaigh*. Outside of Munster, this is more like a *í* sound.

B. Bosco uses a few words you may not have heard before or may know in a more standard form:

Leabhartha = leabhair
Aigesna = ag na
Préamhacha = fréamhacha

INTERVIEW 5 **Bosco Ó Conchúir describes the pleasures of genealogical research.** ◆ *Ó yeah* bhí suim riamh agam insna crainn ghinealaigh. Hmm, bhuel tagann . . . mo mhuintir, tagann siad ón, ón, ón ndúthaigh seo, ón dá thaobh. Agus Máirín ansan, mo bhean chéile, tagann a muintir sin ón gceantar chomh maith. *So*, tá sé ana-spéisiúil na crainn ghinealaigh a leanúint siar chomh fada siar agus is féidir é sin a dhéanamh. Agus tá buntáiste ag an gceantar mar go bhfuil na leabhartha baistí atá sa tséipéal sa pharóiste seo, téann sé siar go dtí timpeall a hocht déag is a trí. *So*, is áis ana-mhaith ar fad é sin. Ach an fhadhb leis na leabhartha sin ná teacht orthu agus níl siad fós ar . . . níl, níl siad fós ar fáil go poiblí ar ardchaighdeán. *So*, tá an obair sin ar siúl faoi láthair. Ach is obair ana-thaitneamhach is ea é agus faigheann tú amach ansan fén saol a bhí aigesna daoine . . . agus saol sóisialta, agus go gcailltí mórán páistí, agus cúrsaí imirce agus mar sin de. *So* tá sé ana-spéisiúil. *So*, tá clár ríomhaireachta ansan agam atá ana-mhaith ar fad. Tá sé sin ábalta cuntas a choimeád ar na daoine seo go léir agus cén gaol atá acu le chéile agus mar sin de. *So*, tá sé ana-shásúil mar go bhfuil ár bpréamhacha sa cheantar so agus is féidir leat na teaghlaigh éagsúla a leanúint siar chomh fada agus is féidir imeacht. Tá sé deacair dul thairis ocht gcéad déag siar, mar níl na foinsí ann.

AONAD 5

Saol na Cathrach
City life

Segment 1 00:21:38

Watch Interview 1. We asked Aoife Ní Chonchúir which she prefers—country life or living in Dublin city. Then go on to the notes and activities below.

Saibhriú focal

A. Aoife uses the word *aiteas* in the sense of "strangeness" or "oddity." *Cén saghas aitis in aon chor a tháinig orm?* translates as "I don't know what strange notion came over me." *Ait* is a common adjective also. *Is ait liom sin* could mean "I find that odd" or, interestingly, "I like that" or "I find that enjoyable." It's a bit like the English word "funny," which can mean "odd" or "amusing." Ulster speakers use the word *greannmhar* in the same way. *Duine greannmhar atá ann* could mean "he's a funny man" or "he's a strange man," depending on the context. *Is ait an mac an saol!*

B. *Aoife* uses the very useful phrase *sa tslí is*, which translates as "in such a way as" or "so that." Try translating the two sentences below into Irish using *sa tslí is*.

1. I'd like to learn another language so that I could travel.

2. I bought a computer so that I could use the Internet (*an tIdirlíon*).

There are a number of other ways to say the same thing, for example, *sa chaoi is* or *sa dóigh is* or, very simply, *ionas* (so that). Look up these words in the dictionary for more examples.

Ó Ghaeltacht go Gaeltacht

Aoife uses a few words you may not have heard before or may know in a more standard form:

Thar n-ais = ar ais
tarraicthe = tarraingte

INTERVIEW 1   **We asked Aoife Ní Chonchúir which she prefers—country life or living in Dublin city.** ◆ Bhuel, bíonn sé ana-dheacair agam an cheist sin a fhreagairt mar, nuair a théim abhaile i gcomhair an deireadh seachtaine, mar shampla, hmm, bím chomh sásta bheith aige baile agus is breá liom an t-aer úr agus a bheith ag bualadh le mo ghaolta ar fad agus a bheith cois farraige. Tá a fhios agam go bhfuilim cois farraige i mBaile Átha Cliath ach ní bhraithim go deo go bhfuilim cois farraige is mé i mo chónaí anso sa chathair. *So*, nuair a bhím aige baile bíonn fonn orm bogadh abhaile ach ansan, nuair a bhogaim thar n-ais go Baile Átha Cliath deirim liom féinig, "Cén saghas aitis in aon chor a tháinig orm, a cheap go mbeinn sásta maireachtaint aige baile mar is breá liom saol na cathrach chomh maith?" *So* tháim saghas "tarraicthe" idir an dá áit. Ba bhreá liom mo shaol oibre a eagrú sa tslí is go bhféadfainn sé mhí a thabhairt ag obair aige baile agus sé mhí ag obair i mBaile Átha Cliath agus bheadh an saol foirfe agam ansin.

Segment 2   00:22:25

Watch Interview 2, in which Pat Matthews explains how not all the changes in city life have been positive ones. Gordon Ó Ceadagáin translates from Irish Sign Language into Irish. Then go on to the notes below.

Ó Ghaeltacht go Gaeltacht

Gordon uses a few words you may not have heard before or may know in a more standard form:

Tógaint = tógáil
Do chonac = chonaic mé
Obann = tobann

An teanga

You may have been surprised to hear Gordon use the singular form of certain nouns, for example, *an iomad gluaisteán* (too many cars), *a lán Éireannach* (many Irish people) and *a lán eachtrannach* (many foreigners). These are clearly plurals and so we expect to hear the plural forms *gluaisteáin, Éireannaigh* and *eachtrannaigh*. As a matter of fact, the forms Gordon uses are genitive plurals, placed in the genitive case by the nouns preceding them. There are two types of genitive plural. **Strong plurals** (*tréaniolraí*) are said to be strong because they keep their distinct plural form in the genitive, for example, *an iomad daoine* and *a lán carranna*. The **weak plurals** (*lagiolraí*) are said to be weak because they have no distinct plural form in the genitive. In fact they are identical to the nominative singular. Gordon's examples are weak plurals. In the notes to Aonad 9, Segment 2, we'll learn how to recognize the different types of plurals.

INTERVIEW 2   Pat Matthews explains how not all the changes in city life have been positive ones. Gordon Ó Ceadagáin translates from Irish Sign Language into Irish. ◆ Tá ana-chuid ó, ana-chuid athruithe ar fad. Tá, tá rudaí tar éis éirí i bhfad bhfad níos fearr ná mar a bhí. Mar shampla, na foirgnimh, mar shampla. Tá, tá, i bhfad níos mó tithe á dtógaint agus i bhfad níos, níos mó tithe agus gach aon rud rud á dtógaint anois. An trácht chomh maith, tá sé sin ana-dhona ar fad. Ní bhíodh sé chomh dona san, ach anois tá sé thar a bheith dona. Ach mar shampla, anois, na bóithre chomh maith, táid . . . bhíodar go maith tamall ó shin ach anois tá an iomad gluaisteán timpeall ar fad agus tá a lán, a lán trácht' ó thar lear chomh maith ag teacht isteach. Bhí sé spéisiúil, cúpla bliain ó shin, do bhíodh a lán Éireannach ag dul amach go tíortha thar lear ach anois tá a lán, a lán eachtrannach ag teacht isteach anso anois. Agus tá sé spéisiúil go bhfuil an saol ag athrú. Chím é sin go hana-mhór anso i mBaile Átha Cliath. Is ea, n'fheadar cad a tharlóidh as seo amach ach do chonac a lán athruithe le tamall. Is ea, ach tá a fhios agat bíonn . . . nuair a bhíonn tú ag féachaint orthu gach aon lá ní fheiceann tú na hathruithe chomh hobann san. Ach mar sin féin . . . trácht, b'fhéidir, an rud is measa. Sin an rud is measa domsa. Bím, bím na huaireanta an chloig istigh im' ghluaisteán agus caithfidh mé mo bhricfeasta a chaitheamh sa ghluaisteán agus rud éigin a thabhairt im' theannta chun bheith ag ól agus mé sa ghluaisteán mar bíonn muid ag maireachtaint sa ghluaisteán, nach mór. M'fhiacla, m'fhiacla a ghlanadh, a níochán, sa ghluaisteán fiú! Táimid ag maireachtaint ann nach mór. Is ea.

Segment 3   00:24:26

Watch Interview 3, in which Úna Nic Gabhann weighs up the good and bad points of city life. Then go on to the notes and activities below.

Ó Ghaeltacht go Gaeltacht

A. The word *barraíocht* has the same meaning as *iomarca*.

B. You may have noticed speakers pronouncing the words *dul* and *teacht* as if they were written *a dhul* and *a theacht*. Úna does so in this interview when she says *na heachtrannaigh a theacht*. This is particularly common in the Irish of Ulster. Normally a verbal noun is not lenited in this way unless it has an object and is being used in the infinitive, as in the following examples from the interviews.

Object	a	Verbal noun + lenition
Cinneadh	a	dhéanamh
Seasca míle	a	thiomáint
Deochanna	a	cheannach
Post	a	fháil
Tiomáint	a	fhoghlaim

Where there is no object the short *a* disappears and there is no lenition, for example, *Is maith liom tiomáint* (I like to drive) or *Ba mhaith liom foghlaim* (I'd like to learn). A very common mistake among learners is to generalize and say things like *Is maith liom **a th**iomáint*. Always ask yourself if there is an object in the sentence. Is anything being acted upon? Practice by correcting any mistakes in the sentences below:

1. *Is maith leis a chanadh sa seomra folctha.*
2. *Dúirt an dochtúir liom gan éirí as an leaba ar feadh cúpla lá.*
3. *Ní raibh an t-am agam bricfeasta ithe ná tae a ól.*
4. *Ba mhaith liom an t-amhrán sin a chloisteáil arís.*
5. *Arbh fhearr leat fanacht nó gan a fhanacht?*

Foghraíocht

The pronouns *mé* and *sé* are always written with a length accent or *síneadh fada*. Learners could be forgiven for thinking that they are always pronounced [may] and [shay] and heavily stressed. In spoken Irish, however, they are short and unstressed, as if written *me* and *se*. Listen to how Úna says *tá mé i mo chónaí* and *tá sé athraithe*. Mastering this point of pronunciation will make your spoken Irish much more natural and conversational.

Cultúr

Luas is the name of the Dublin light rail system. Trams disappeared from the city center in the 1940s, but have recently been brought back in an effort to bolster public transport and tackle Dublin's chronic traffic congestion.

INTERVIEW 3 Úna Nic Gabhann weighs up the good and bad points of city life. ◆ Bhuel is dócha . . . tá mé i mo chónaí anois i mBaile Átha Cliath le deich mbliana anuas agus tá sé athraithe go maith ón chéad lá a tháinig mé anseo. Hmm, agus tá buntáistí agus míbhuntáistí ag baint leis na hathruithe sin i ndáiríre. Is breá liom an dóigh go bhfuil sé chomh, hmm hilchultúrtha sin anois, gur féidir leat siúl amach ar an tsráid agus bia Iodálach a ithe, nó bia maith Francach a ithe agus tá tithe tábhairne éagsúla ann agus ceol, hmm, ó achan uile choirnéal den chruinne ann agus a leithéid sin. Is breá liom é sin. Is breá liom nuair a shiúlann tú síos an tsráid—tá cineál *buzz* áirithe ag baint leis an áit. Is breá liom na daoine seo, daoine . . . na heachtrannaigh a theacht agus sult agus taitneamh a bhaint as an chathair. Hmm, is dócha go bhfuil i bhfad níos mó airgid anois sa chathair chomh maith agus buntáiste atá ansin i ndáiríre. Hmm, tá an córas taistil ag éirí rud beag níos fearr—na busanna, tá an Luas ann anois. Rudaí mar sin. Tá sin, *you know*, ina chuidiú mhór, agus is breá liom é.

Is dócha go bhfuil . . . b'fhéidir go bhfuil mé ag éirí rud beag níos sine agus b'fhearr liom . . . agus go háirithe i ndiaidh a bheith i mo chónaí i Meicsiceo chomh maith, is maith liom an ciúnas a bhaineas le, *you know*, a bheith i do chónaí amuigh faoin tuath. *So*, corruair cuireann an oiread daoine isteach orm, an brú a bhaineas leis sin. Fiú amháin, tá tú ag iarraidh dul ag siopadóireacht ar Shráid Grafton—go minic bíonn *just* barraíocht daoine ann. Hmm, níl carr agam i mBaile Átha Cliath agus ba bheag agam, orm, carr a bheith agam i ndáiríre mar *just*, tá sé cloiste agam . . . an méid daoine a chaitheann trí huaire an chloig den lá i gcarr ag dul ag obair agus ag teacht ar ais. Sílimse gur am amú amach is amach é sin. *So*, sin an rud is mó, is dócha, a chuireann isteach orm fán chathair.

Segment 4   00:26:11

Watch Interview 4, in which Máirín Nic Dhonncha talks about the changes she's seen since coming to Dublin. Then go on to the notes and activities below.

Saibhriú focal

Try to write a definition (*sainmhíniú*) and grammatical information for the following nouns from Máirín's interview. Try to give all the information supplied in the example below, and write a sample sentence showing the word in use.

Nominative singular	Definition	Genitive singular	Nominative plural
Daonra	Population	Identical	*Daonraí*
Bruachbhaile			
Córas			
Cathair			
Ionad siopadóireachta			

Foghraíocht

You may have noticed that Máirín pronounces *méadaithe* as if it were written *méadaí*. The *-ithe* ending is often pronounced in this way in the Irish of Connacht and Ulster.

Feasacht teanga

A. Sometimes Irish uses the singular form of a noun in situations where English speakers would expect a plural. The most common examples are after *cúpla,* after the numeral *dhá* and after all multiples of ten. Here are some examples from the interviews.

Irish	English
cúpla bliain ó shin	a couple of years ago
tar éis cúpla uair an chloig	after a few hours
dhá theach tábhairne	two pubs
idir an dá bhaile	between the two towns
i ngaireacht tríocha míle nó ceathracha míle do Bhaile Átha Cliath	within thirty miles or forty miles of Dublin

B. With *idir an dá bhaile* notice that even the article *an* remains in the singular (instead of the plural *na*) and also how the word *dhá* changes.

C. There are some nouns which are plural in English but which are commonly regarded in Irish as being a single item, for example, *an siosúr* (the scissors), *an staighre* (the stairs).

INTERVIEW 4 Máirín Nic Dhonncha talks about the changes she's seen since coming to Dublin. ◆ D'athraigh sé roinnt mhór. Hmm, tá an pobal agus an daonra athraithe go mór. Tá an daonra méadaithe. Á, tá an an daonra scaipthe ar bhealaí difriúla freisin. Á, nuair a tháinig mise anseo ar dtús bhí an chuid is mó den daonra ina gcónaí i lár na cathrach nó thart timpeall air. Anois tá na bruachbhailte atá taobh amuigh de lár na cathrach méadaithe chomh hollmhór céanna agus tá ionaid mhóra siopadóireachta tógtha amuigh ansin freisin. Chomh maith leis sin tá cúrsaí tráchta éirithe níos measa. Á, tá trácht, tá sé an-deacair a dhul ó áit go háit, ó thaobh amháin den chathair go dtí an taobh eile anois. Tógann sé i bhfad níos faide ná mar a thógfadh sé, deirimis deich mbliana ó shin. Cé go bhfuil, déarfainn go bhfuil, an chathair ag tabhairt aghaidh air sin, go bhfuil, hmm, busanna éirithe beagán níos rialta ná mar a bhíodh. Tá an córas Luas—an córas nua taistil anseo—tar éis saol daoine a athrú, hmm, ó thaobh hmm, go bhfuil sé i bhfad bhfad níos tapúla anois teacht isteach ó déaraimis ó Chontae Átha Cliath isteach go dtí lár na cathrach. *So*, tá sé athraithe ar an taobh sin freisin. Tá rudaí maithe agus drochrudaí tar éis tarlú.

AONAD 6

Teangacha
Languages

Segment 1 00:27:27

Watch Interview 1, in which Aoife Ní Chonchúir explains why so many adults come back to studying Irish after leaving school. Then go on to the notes and activities below.

Saibhriú focal

Try to write a definition (*sainmhíniú*) for the following adjectives that appear in this unit. Try to give all the information supplied in the example below, and write a sample sentence showing the word in use.

Adjective	Definition	Comparative & superlative
ábalta	able, capable	identical
conspóideach		
éifeachtach		
cairdiúil		
gar		
iomlán		
deacair		

Ó Ghaeltacht go Gaeltacht

A. Notice that the Munster word for the Irish language is *Gaelainn*. In Ulster the word is pronounced as if written *Gaeilig*.

B. A number of things can happen when the singular article *an* comes together with a preposition:

- A new word is formed, for example, *de + an = den, do + an = don, faoi + an = faoin*. Sometimes we don't hear the article, as in *sa*.
- The preposition and article remain separate, for example, *leis an, roimh an, ar an*, etc.

If a noun follows the article + preposition, one can either lenite the noun, as is common in Ulster, for example, *ar an bhóthar, faoin chloch*, etc. or eclipse the noun, as is common in Connacht and Munster, for example, *ar an mbóthar, faoin gcloch*, etc.

Simple prepositions + the article *an*

Connacht / Munster Irish	Ulster Irish
ar an mbus	*ar an bhus*
ón bhfarraige	*ón fharraige*
tríd an bpáirc	*tríd an pháirc*
leis an bhfear	*leis an fhear*
roimh an gCéadaoin	*roimh an Chéadaoin*

Both of these options are permitted in standard, written Irish, and neither can be said to be "better" than the other. One should stick to one or the other, however, and not use lenition in one sentence and eclipsis in the next.

In standard Irish, nouns that begin with *d* or *t* are not lenited after a preposition + article, for example, *leis an dochtúir, ar an traein*. Connacht and Munster Irish, however, often use eclipsis, as we can see from the examples *athrú ar an ndearcadh, cuid den dteaghlach*. We'll deal further with the effect of prepositions in the final segment of this unit.

INTERVIEW 1 **Aoife Ní Chonchúir explains why so many adults come back to studying Irish after leaving school.** ◆ Bhuel is dóigh liom go dtagann athrú ar an ndearcadh a bhíonn acu i leith na Gaelainne. Agus chomh maith leis sin, á, ní mhúintear... is b'fhéidir go bhfuil sé saghas conspóideach é seo a rá, ach ní mhúintear an Ghaeilge i slí ró-éifeachtach insna meánscoileanna agus, dá bhrí sin, bíonn an-chuid de mhuintir na hÉireann nach mbíonn ábalta an Ghaeilge a labhairt tar éis dóibh an scoil a fhágaint agus bíonn dearcadh diúltach acu, b'fhéidir, ina leith agus, hmm, nuair a bhíonn siad ar scoil, is dócha, níl sa Ghaeilge ach "ábhar scoile" agus ábhar beagáinín leadránach, b'fhéidir, a bhíonn ann. Ach ansan, nuair a bhíonn siad tar éis an scoil a fhágaint agus imeacht amach go dtí an domhan mór, b'fhéidir, chíonn siad an luach, go bhfuil luach ag baint leis an teanga agus gur cuid den gcultúr í seachas ábhar scoile agus go bhfuil beocht ag baint léi agus... *So*, bíonn suim acu ansan a bheith ábalta Gaeilge a labhairt iad féin.

Segment 2   00:28:25

Watch Interview 2. We asked Donncha Ó Cróinín if he attended a Gaeltacht summer college. Then go on to the notes and activities below.

Saibhriú focal

Donncha uses a very useful phrase which learners can adapt to make their own sentences, that is, *bhí sé de nós.* He says *Bhí sé de nós ag an dá scoil dul le chéile,* which translates as "The two schools used to go together." This phrase is useful because it allows you to avoid using the past habitual tense, a tense which doesn't exist in English and which is a common point of difficulty for learners of

Irish. It is used for habitual actions in the past tense or for things that used to happen. He could also have said *Ba ghnách leis an dá scoil dul le chéile.* Below are some examples of the past habitual. Can you rephrase them, as in the example?

Past habitual	Rephrased
Théinn ann go minic. (I used to go there often.)	*Bhí sé de nós agam dul ann go minic.* (Or) *Ba ghnách liom dul ann go minic.*
1. *Shiúladh sí chun na hoifige gach maidin.* (She used to walk to the office every morning.)	_____ (Or) _____
2. *Cheannaíodh sé an nuachtán sin gach lá.* (He used to buy that newspaper every day.)	_____ (Or) _____
3. *Chuiridís bronntanas chugam ag an Nollaig.* (They used to send me a gift at Christmas.)	_____ (Or) _____
4. *Théimis go Ceanada ar laethanta saoire.* (We used to holiday in Canada.)	_____ (Or) _____

An teanga

You'll notice that Donncha's interview begins with a verb, that is, *d' fhreastail.* This was in response to the question *Ar fhreastail tú ar choláiste samhraidh nuair a bhí tú óg?* (Did you attend a summer college when you were young?) Irish has no general, all-purpose words for "yes" and "no." Mostly, we reply by repeating the verb used in the question.

Q. *Ar chuir tú an litir sa phost?*
A. *Chuir. / Níor chuir.*

Notice that the pronoun *mé* is not usually included in the answer. It would be very unnatural to reply to the question above with *Chuir mé.*

Cultúr

Attending Gaeltacht summer colleges is a major event in the year of tens of thousands of secondary school students from all over Ireland. For many young people from cities and towns it will be their first prolonged stay in a rural area and their first contact with the Irish language outside of the school environment. They stay with local families, attend classes and take part in various sports and cultural activities through the medium of Irish. A month in the Gaeltacht is also about emotional and social education—many teenagers meet their first loves in Donegal, Conamara and Kerry. It's often said that the students arrive in the Gaeltacht in tears of anger at being sent there and leave in tears of sadness at having to go home. For information on approved summer colleges see www.concos.ie.

INTERVIEW 2 **We asked Donncha Ó Cróinín if he attended a Gaeltacht summer college, or coláiste samhraidh.** ◆ D'freastail. Bhíodh coláiste samhraidh againn fhéin, á, againn fhéin atá i gceist agam . . . leis an scoil agam fhéin, an mheánscoil agam fhéin, eh, in éineacht le meánscoil eile. Á, meánscoil bhuachaillí a bhí againne agus bhí meánscoil chailíní gar go leor don scoil againn fhéin. Agus bhí sé de nós ag an dá scoil dul le chéile chuig coláiste samhraidh thiar i gConamara. Á, is dóigh liom, b'fhéidir, na cuimhní céanna a bhíonns ag daoine a théann chuig na coláistí samhraidh seo ná gur, gur tréimhse é nuair, nuair a fhásann tú, nuair a thagann difríochtaí isteach sa saol. Ar ndóigh, bíonn deiseanna agat bualadh le cailíní agus bíonn sin ann, á, ar fud na háite is dócha sa lá atá inniu ann. Ach, ag an am sin, bhí saoirse i gceist. Á, bhí saoirse ó do thuismitheoirí, ó do mhuintir fhéin. Hmm, bhí freagrachtaí ann freisin ach ba, ba rud nua ar fad é, bheith ag taisteal, á, agus gan do thuismitheoirí a bheith in éineacht leat. Á, an saoirse a bhain leis sin. Hmm, dúshláin leis! Á, bhí tú as baile ar feadh, b'fhéidir, trí sheachtain, nó ar feadh míosa. Á, agus ar ndóigh bhí tú in áit a bhí an-éagsúil mar, á, rugadh is tógadh mise sa chathair agus, á, sa choláiste samhraidh bhí mé thiar i gConamara, amuigh faoin tuath, ach le daoine iontacha agus saol iontach ar fad. Agus, ainneoin go bhfuil mé lánchinnte go raibh sé ag stealladh báistí ar feadh na míosa, cuimhníonn tú i gcónaí ar na laethanta ar an dtrá agus, á, laethanta lán de ghrian.

Segment 3

00:30:05

Watch Interview 3, in which Senan Dunne describes varieties of Irish Sign Language while Gordon Ó Ceadagáin translates into Irish. Then go on to the notes and activities below.

Ó Ghaeltacht go Gaeltacht

We have already seen how grammar and pronunciation can differ from one Gaeltacht area to another, but there are subtle differences in vocabulary as well. Gordon, like other speakers of Munster Irish, uses the word *críonna* in the sense of "adult" or "old" whereas other speakers would understand it to mean "wise" or "prudent." It's easy to see the connection between the two senses.

An teanga

Gordon says *cuirimis an focal sin air*, which translates as "Let's call it that." *Cuirimis* is the imperative plural. It is used to exhort people to action and generally has a meaning similar to the English "let's." How would you translate the following examples into English?

1. *Bímis ag ól anseo go maidin*!

2. *Tógamis go bog é ar feadh tamaill.*

3. *Ná cuirimis am ar bith amú*!

4. *Dá mbeadh, abraimis, milliún dollar agat, cad é a dhéanfá leis*?

Cultúr

For further information on Irish Sign Language see:

- www.ethnologue.com/14/show_language.asp?code=ISG
- www.en.wikipedia.org/wiki/Irish_Sign_Language

| INTERVIEW 3 | **We asked Senan Dunne if Irish Sign Language has "dialects." Gordon Ó Ceadagáin translates from Irish Sign Language into Irish.** ◆ Tá, go deimhin. Tá, deirtear "canúint" i dteanga, i dteanga labhartha, ach ní, ní déarfainn gur canúint iomlán atá i dteanga na gcomharthaí in aon chor, ach tá difríochtaí áirithe ó thaobh focal de. Mar shampla, tá, tá an focal seo . . . *hearing* nó duine a bhfuil, atá . . . nach bhfuil bodhar—cuirimis an focal san air. Mar shampla, i gCiarraí anois, baintear úsáid as an gcomhartha san. I gCorcaigh ansan is mó go mbaintear úsáid as an gcomhartha san. Ach anso i mBaile Átha Cliath, an teanga a bhí ansan—an comhartha a bhí ansan. Braitheann sé chomh maith idir, idir . . . braitheann sé ar an aois chomh maith. Tá, tá stíl difriúil ag daoine óga agus mar atá ag daoine níos críonna. Agus chomh maith tá difríocht mhór idir, hmm, stíl teanga na bhfear agus stíl teanga na mban. Mar shampla, laethanta na seachtaine anois, tá difríocht idir na fir—seo ceann na bhfear anois agus an ceann a bhí . . . ó shin b'in ceann eile.

Mar do bhí, do bhí scolaíocht deighilte aigse buachaillí agus aigse cailíní agus bhí ana-thionchar ansan aigse scoileanna air sin. Is ea, mar shampla, bhíodh na buachaillí ar scoil amháin agus na cailíní ar scoil eile agus dhá theanga, nach mór, a bhí ann ar shlí. Braitheann sé chomh maith ar na daoine go mbíonn tú, ag, ag, sórt, go mbíonn tú cairdiúil leo agus ag dul timpeall leo. Tá difríochtaí ann sa teanga. Is féidir é a fheiscint ó dhuine go duine, ach is deacair é a rá go díreach cad iad na difríochtaí, na difríochtaí san. Ach tá difríochtaí ann. Is ea, ach is deacair, sórt, do mhéar a chur orthu go díreach.

Segment 4

00:32:12

Watch Interview 4, in which Aoife Ní Chonchúir explains how she got to grips with the Irish of Ulster and Connacht. Then go on to the notes and activities below.

Ó Ghaeltacht go Gaeltacht

A. Aoife uses a few words you may not have heard before or may know in a more standard form:

Tigh = teach
Chuas = chuaigh mé
Thosnaíos = thosaigh mé
Greannúr = greannmhar

B. In standard Irish nouns following *den, don,* and *sa* are lenited rather than eclipsed, for example, *an chuid eile den bhliain, seirbhís don phobal, sa bhaile.* Connacht and Munster Irish don't follow these rules, however, as is obvious from these examples from the interviews: *an-chóngarach don mbaile, cuid den gclann,* and *sa ngeimhreadh.*

An teanga

A. Aoife says *ní raibh puinn teagmhála agam le canúint Uladh*, which translates as "I had little contact with Ulster Irish." *Puinn* is unusual in that it is only used in negative or questioning sentences, for example, *An bhfuil puinn airgid fágtha agat?* or *Níl puinn céille ag an ngarsún sin.*

B. Many new terms in Irish are created by using prefixes (*réimíreanna*) and suffixes (*iarmhíreanna*). Aoife mentions *ollscoil*, which combines the prefix *oll-* (great, large) and *scoil* to create a word meaning "university." The second element of a compound word is usually lenited, except when the letters *d, n, t, l* and *s* come together. For example: *oll**mh**argadh* (supermarket) but *oll**t**oghchán* (a general election).

C. Below are a number of compound words which have appeared in segments 1-5 of this unit. Try to match the prefix with a correct noun, paying particular attention to possible lenition. You may find that you can make a number of new words with the prefixes. If in doubt, check the dictionary.

Prefix	Noun	Compound word
ard	dráma	
bog	scoil	
meán	caighdeán	
gearr	baile	
bia	liosta	
bruach	earra	
ceol	clár	

D. Many words are formed by using by the suffix *-lann*. Aoife mentions *teanglann* or "language laboratory." Similar to this are *leabharlann* (a library or place where there are books), and *bialann* (a restaurant or place where there is food). Using your dictionary or www.focal.ie find the meaning of the following words and suggest further examples:

1. *saotharlann*
2. *dánlann*
3. *ceardlann*
4. *cartlann*

INTERVIEW 4 **Aoife Ní Chonchúir explains how she got to grips with the Irish of Ulster and Connacht.** ◆ Bhuel ní raibh mórán deacrachtaí agam leo mar bhíodh Raidió na Gaeltachta ar siúl sa tigh againn i gcónaí. Agus bhíodh sé ar siúl sa chúlra i gcónaí, agus cé go bhfuil sé de bhéas ag muintir na Gaeltachta an raidió a chasadh síos beagán nuair a thagann nuacht ós na ceantair eile, fós fhéin tá sé sa chúlra agus cloiseann tú é. Agus nuair a chuas dhon Ghaillimh—bhíos, hmm, ag déanamh staidéir ar an nGaeilge ansan san ollscoil—agus ba as Conamara formhór na ndaoine a bhí ag obair ann agus bhíos ag éisteacht le canúint Chonamara ansan an t-am ar fad agus ní raibh puinn teagmhála agam le canúint Uladh go dtí go mbogas go Baile Átha Cliath agus go dtosnaíos ag obair ansan san ollscoil agus bhíos timpeallaithe ar fad ag muintir Chúige Uladh agus, hmm . . . bhí sé beagáinín deacair mar tá rithim na teanga ana-dhifriúil agus tá cuid den stór focal difriúil agus rudaí mar sin.

Ach i ndeireadh an lae níl sé chomh difriúil sin ar fad. Bhí cúpla míthuiscint ann, maith go leor, nuair a thosnaíos ag obair. Mar shampla, bhí cailín amháin, ó Ghaoth Dobhair ab ea í—Nóirín—agus bhí sí ag obair ansan sa teanglann agus arsa í liom lá amháin, dúirt sí, "Ó, tá mo sciathán nimhneach." "Nimhneach," arsa í. Agus chuir sé seo ana-iontas orm, mar i gcanúint na Mumhan an bhrí athá leis sin ná *"poisonous wing"* seachas *"sore arm,"* an dtuigeann tú? *So,* bhí sin saghas . . . bhí sé greannúr, na míthuiscintí sin. Bhí cúpla rud eile leis. I gcanúint na Mumhan deirmidne "láithreach" agus an rud athá i gceist againn ná "i gceann tamaill," ach i gcanúintí eile an bhrí atá leis ná "cruinn díreach," "anois díreach." *So,* tá rudaí mar sin saghas greannúr, mar ní thuigeann daoine eile, b'fhéidir, an, an malairt brí athá leis.

AONAD 7

Daoine
People

Segment 1　　　　　　　　　　　　　　　　　　　　00:34:03

Watch Interview 1, in which Máirín Nic Dhonncha gives her definition of a good friend. Then go on to the notes below.

Saibhriú focal

Máirín uses the phrase *aithne a chur orthu arís*, which translates as "to be reacquainted" or "to get to know them again." *Aithne* is normally used when talking about knowing people, and other words are used for knowing facts or places. *Tá a fhios agam sin* is used to indicate that one is aware of a fact. You'll often hear people say *Tá eolas maith agam ar an áit sin* when talking about places.

INTERVIEW 1　**Máirín Nic Dhonncha gives her definition of a good friend.** ◆ Bhuel, cara maith—an duine go bhfuil tú in ann dhul go dtí lá nó oíche má tá tú i dtrioblóid agus go bhfuil a fhios agat go mbeidh fáilte romhat agus go dtabharfaidh an duine sin comhairle do leasa dhuit, is cuma, hmm . . . bíodh an chomhairle sin ar an gcomhairle atá uait nó murab é, ach go dtabharfaidh sé comhairle do leasa dhuit. Á, go bhfuil tú in ann brath ar an duine sin i gcónaí. Nach gá dhuit a bheith i dteagmháil leis an duine sin go rialta ach go bhfuil a fhios agat, nuair, nuair a rachfas tú i dteagmháil leis an duine, go bhfuil an duine sin ann dhuit. Sin cara maith, déarfainn.

Ní théim amach as mo bhealach, caithfidh mé a rá, le, le fanacht i dteagmháil le cairde, ach is breá liom cairde a fheiceáil. Agus déarfainn, na cairde a dhéanann tú i d'óige, fiú mura bhfeiceann tú iad ar feadh cúpla bliain, tá sé an-éasca, hmm, aithne a chur orthu arís agus hmm, saghas, an seanchairdeas a mhúscailt arís.

Segment 2   00:34:52

Watch Interview 2, in which Liam Ó Cuinneagáin remembers the "cooperative priest" Father James McDyer, who campaigned against poverty and emigration in southwest Donegal. Then go on to the notes and activities below.

An teanga

A. Liam uses the phrase *d'fhás mise aníos,* which would normally be translated as "I grew up." Whereas *suas* simply means "up," *aníos* suggests an upward movement towards the speaker (towards where Liam is now). The word *anuas* also suggests movement towards the speaker, but in a downwards direction. Someone standing at the top of a flight of stairs might say *Tar aníos chugam* to someone at the bottom. If the roles were reversed he or she might say *Tar anuas chugam.*

B. Another important concept when dealing with direction in Irish is the idea of state/position versus movement. Different words are used depending on which is implied.

State / position	Movement
*An bhfuil tú **istigh**, a Pheadair?*	*Tá. Tar **isteach** agus suigh síos.*
*An bhfuil do mháthair istigh nó **amuigh**?*	*D'imigh sí **amach** cúpla uair an chloig ó shin.*
*Cé atá **thuas** staighre?*	*Muiris. Chuaigh sé **suas** a luí.*

*Tá Pól ina chónaí **thíos** i gCorcaigh.*	*Téim **síos** ar cuairt chuige anois is arís.*
***Thall** i Londain atá na siopaí is fearr liom.*	*Téim **anonn** ag siopadóireacht ó am go ham.*
*Ní raibh sé sásta nuair a bhí sé ina chónaí **abhus** anseo in Éirinn.*	*Ach chuaigh sé ar ais **anonn** go Meiriceá lena chlann.*

C. Complete the following dialogue by choosing an appropriate word from the box below. More than one word may be correct in some cases and you may not need to use all of the words.

Síle arrives back from a trip to Scotland. Her friend Máire pays a visit.

Síle: *A Mháire, a stór. Tar _____ agus ná fan _____ ansin san fhuacht. Tá mé abhus anseo sa seomra leapa. Tar _____ chugam.*

Máire: *Is breá liom tú a fheiceáil arís! Shíl mé go raibh tú _____ in Albain go fóill.*

Síle: *Oíche aréir a tháinig mé _____ A Dhia, tá tuirse orm! I mo shuí _____ in eitleán, _____ go hard i measc na scamall.*

Máire: *Ó, tá a fhios agam! Ach is féidir leat do scíth a ligean anois. Nach bhfuil na páistí _____ ag do dheirfiúr i gCiarraí?*

thall	thíos	aníos	síos	istigh
amuigh	anall	isteach	thuas	anonn

Ó Ghaeltacht go Gaeltacht

Bomaite is an Ulster word for "a moment" or "a short time." *Fan bomaite* means "wait a moment."

Feasacht teanga

A. Irish speakers use many English words in their speech, for a variety of reasons. We have already mentioned technical or specialist terms which are a source of difficulty for native speakers and learners alike. Irish speakers are also reluctant to use the Irish names and surnames of people who are recognized by their anglicized names. You may have noticed that Liam refers to "Father McDyer," although he could easily translate that into *An tAthair Mac Duibhir*. Liam, however, is simply using the name by which the priest was best known. This reluctance is particularly marked when there is a significant difference between the Irish and English forms. For example, Irish politician Bertie Ahern likes to be called *Parthalán Ó hEachthairn* in Irish. That's quite a difference!

B. At other times, Irish speakers use English to express concepts that they find difficult to express in Irish, for example, "charismatic" or "cliché," both of which Liam uses in the interview. Sometimes an English word is used to reinforce meaning and to make sure that the listener understands the nuances of the Irish. In fact, the Irish word *mealltach*, which Liam uses, is very close in meaning to "charismatic." Can you think how best to say "cliché" in Irish?

INTERVIEW 2 **Liam Ó Cuinneagáin remembers the "cooperative priest" Father James McDyer, who campaigned against poverty and emigration in southwest Donegal.** ◆ Bhuel, d'fhás mise aníos agus Father McDyer thart orm. Bhí m'athair ina iriseoir áitiúil, ag scríobh do na páipéir áitiúla agus don *Irish Press* i mBaile Átha Cliath agus, á, scéal mór a bhí i Father McDyer agus rinne sé cúpla pingin, nó punt, do m'athair agus, á, d'éirigh le m'athair aird a tharraingt ar an áit le cuidiú Mhic Dyer. Duine an-mhealltach, *charismatic* gan dabht, agus cineál *cliché* atá ansin, ach duine an-ard, dóighiúil, láidir. Guth láidir, láidir ann féin. Na mílte smaointe aige chuile bhomaite. Á, níor éirigh leis ach cuid acu a chur i bhfeidhm. Ní raibh scileanna láidre airgeadais aige, ó thaobh bainistiú airgeadais is mar sin de, ach bhí bun . . . bhí scileanna láidre aige ó thaobh daoine a mhealladh le cuidiú leis. Chuir sé i bhfeidhm infrastruchtúr ar leith anseo, atá ann go fóill. Nuair a smaoiníonn tú—An Clachán, atá thiar an bealach anseo, *Father McDyer Folk Museum*— gur sin an príomhionad turasóireachta sa taobh seo tíre go fóill agus tógadh é daichead bliain ó shin. Bhí mise mar dhuine de na chéad treoraithe ansin agus mé trí bliana déag ag an am. Ach fear iontach a bhí ann.

Segment 3

00:36:11

Watch Interview 3, in which Cathal Ó Searcaigh describes his mother's belief in the supernatural. Then go on to the notes and activities below.

Daoine

Saibhriú focal

Which of the definitions of these words from the interview is the correct one? Consult your dictionary to find out if you were right.

1. *scála*
   - ○ a trough
   - ○ a basin
   - ○ a bucket
2. *an tsráid*
   - ○ level ground around a house
   - ○ a village
   - ○ a high street
3. *deasghnáth*
   - ○ superstition
   - ○ precaution
   - ○ ritual
4. *áitreabh*
   - ○ dwelling
   - ○ path
   - ○ custom
5. *sceach*
   - ○ thornbush
   - ○ small tree
   - ○ a hedge

Cultúr

Belief in the *sí* or fairies was common among Irish people and is reflected in the language itself. Reluctant to mention them by name, country people knew them by dozens of euphemistic names, including *na daoine beaga*, *na daoine maithe* or *bunadh na gcnoc* (the hill people). It was thought that they were fallen angels banished from heaven for taking Satan's side in his rebellion. With no hope of salvation, they were naturally jealous of humans, even kidnapping children in a vain effort to increase their human stock. Understandably, people took great pains to avoid their wrath. Few today would admit to belief in the fairies, although some are happy to concede that they existed once, banished by such diverse forces as the power of prayer and electric light!

INTERVIEW 3 **Cathal Ó Searcaigh describes his mother's belief in the supernatural.** ◆ Anois, mo mháthair, bhí spéis mhillteanach aicise insna siógaí. Ní raibh, á, léann ar bith uirthise. Ní raibh léamh ná scríobh aici ach bhí eolas iontach aici ar na siógaí agus tógadh mé i dteach, á . . . a bhí faoi dhraíocht ag na siógaí. Is cuimhneach liomsa nuair a bhíodh mo mháthair, á . . . ag ní na soitheach. Ag an am ní raibh uisce ar bith againn, á, insa teach, ní raibh uisce reatha ar bith againn agus chaitheadh sí na soithí a ní, á . . . i scála. Agus nuair a bheadh na soithí nite aici agus í ag dul amach a chaitheamh an t-uisce amach ar an tsráid, sheasódh sí i gcónaí i mbéal an dorais, ar feadh, b'fhéidir, bomaite beag, ar eagla is go mbeadh na siógaí ag dul thart agus, dá gcaithfeadh sí an t-uisce amach orthu, á . . . bheadh siad iontach míshásta.

Bhí an cineál sin deasghnáth' iontach tábhachtach. Agus . . . ní cheadódh sí do m'athair, á, crann a ghearradh anuas ná baint de sceacha ná clocha móra a bhí thart fán teach a bhogadh, mar ba sin áitreabh na sióg. Agus, á, thug sí cúram iontach don chineál sin rud'.

Segment 4   00:37:41

Watch Interview 4, in which Cian Marnell explains how not everyone has the right personality for his or her job. Then go on to the notes and activities below.

Saibhriú focal

Watch the interview again and pick out words and phrases having the same meaning as the following Irish words and phrases:

1. *chuaigh siad i bhfeidhm orm* _____
2. *speisialta / faoi leith* _____

3. *go ginearálta* _____
4. *ceart / oiriúnach* _____

An teanga

In Aonad 4, Segment 2, we discussed the structures *Múinteoir atá ann* and *Tá sé ina mhúinteoir.* Cian uses another structure which is common in Munster and Connacht and which is very useful in defining things, that is, *an-oideachasóir ab ea é.* This translates as "he was a fine educationalist." Here are a few other examples from the interviews:

- *meánscoil lánghaelach is ea í* (present tense)
- *athrú mór ab ea é* (past tense)

Using this structure, try to translate the following sentences:

1. He is still a young man. _____
2. It's a good movie. _____
3. It's for you. _____
4. It was a big mistake. _____

INTERVIEW 4 Cian Marnell explains how not everyone has the right personality for his or her job. ◆ Le gairid dheineas liosta, ar mo chúis . . . chúiseanna féin. Bhíos ag déanamh roinnt léitheoireachta maidir le cúrsaí teagaisc agus cúrsaí oideachais agus, hmm, ceann des na ceisteanna a cuireadh sa leabhar áirithe a bhí á léamh agam ná smaoineamh siar ar na múinteoirí a bhí agat féin. Agus dheineas liosta mór millteach fada de na múinteoirí ar fad a bhí agam: múinteoirí bunscoile, múinteoirí meánscoile, múinteoirí ollscoile, múinteoirí a bhí agam ar chúrsaí beaga teanga a dheineas, hmm, gach aon saghas ruda. Agus bhíos in ann a rá faoi—gan amhras níl anseo ach mo thuairim féin—bhíos in ann a rá mar gheall ar go leor acu go raibh tréithe breátha ag baint leo, mar mhúinteoirí. Agus go, go ndeachaigh siad i gcion orm mar mhúinteoirí ach, i bhformhór mór millteach na gcásanna, bhí drochthréithe eile ag baint leo mar mhúinteoirí, agus b'fhéidir mar dhaoine, a bhain, roinnt, ón, ón méid a bhí déanta acu domsa mar oideachasóirí. Agus, hmm . . . mar shampla, cuimhním, cuimhním ar mhúinteoir áirithe a bhí agamsa, ag tráth amháin de mo shaol agus, cé nach múinteoir ceoil agus cé nach múinteoir litríochta go sainiúil a bhí ann, agus cé nach múinteoir teangacha a bhí ann, léirigh an múinteoir seo ana-shuim i gcónaí i dteangacha Eorpacha, sa litríocht . . . sa litríocht trí Bhéarla nó trí Ghaeilge nó . . . sa litríocht i gcoitinne, agus bhíodh sé ag léamh hmm, litríochta dúinn sa rang. Agus an, an-fhear ceoil a bhí ann agus, hmm, an-fhear é chun, chun, chun amhráin as tíortha eile a mhúineadh. Tá cúpla amhrán agam féinig i dteangacha nach bhfuil agam in aon chor dá bharr, agus de bharr na n-iarrachtaí a dhein sé. Agus caithfidh mé a rá, "Bhuel, an-oideachasóir ab ea é."

Ach, ar go leor leor bealaí eile, is, is duine é, i mo thuairim b'fhéidir, a rinne damáiste do dhaoine mar ní dóigh liom go raibh an phearsantacht chuí aige chun a bheith ag plé le daoine óga, le daoine a bhí an-óg. Agus, hmm, measaim go raibh a chuid fadhbanna féin ag an bhfear seo. Hmm, agus gur bhain sé sin ón oideachas a thug sé.

Segment 5 00:39:58

Watch Interview 5, in which Siobhán Ní Churraighín describes how friendships grow among adults studying Irish at Oideas Gael in Co. Donegal. Then go on to the notes and activities below.

Saibhriú focal

A. When used in reference to people *cúpla* usually means "twins," but Siobhán uses it here to mean two people romantically linked. A couple who are engaged, married or in a long-term relationship are known as a *lánúin*.

B. Using the dictionary, explain the difference between the words *bainis* and *pósadh*. Do both mean "marriage"?

Ó Ghaeltacht go Gaeltacht

A. *Mórán* is usually found in negative or interrogative sentences, for example, *Níl mórán airgid agam* or *An raibh mórán daoine ann?* Its use in positive sentences is a feature of the Irish of South Donegal (Gleann Cholm Cille, Teileann) and the so-called *Gaeltacht Láir* or "central Gaeltacht" of Donegal, which includes Gleann Fhinne.

B. You may have noticed that Siobhán says *agat* as if it were written *aghat*.

Feasacht teanga

You may have been surprised to hear Siobhán say *Chas Liam leis an bhean chéile anseo.* If this were to be translated word for word into English it would be "Liam met **the** wife here." In fact, the use of the article instead of the words for his, hers, etc. is very common both in Irish and in the English spoken in Ireland when referring to people. English-speakers might say, for example, "Have you met the brother yet?" One might say of George W. Bush *Bhí an t-athair ina pholaiteoir chomh maith* meaning "**His** father was also a politician." Of course it wouldn't be incorrect to use the possessive adjectives in any of these examples, for example, *Bhí a athair ina pholaiteoir chomh maith.*

Cultúr

Oideas Gael offers courses in Irish language and culture in the so-called *breac-Ghaeltacht* areas of Gleann Cholm Cille and Gleann Fhinne. *Breac-Ghaeltacht* translates literally as "speckled Gaeltacht," referring to the scattered distribution of native speakers in areas where Irish is a minority language. The Director of Oideas Gael, Liam Ó Cuinneagáin, hopes that language-based and cultural tourism will assist the economic and cultural regeneration of these marginal areas. See www.oideas-gael.com.

INTERVIEW 5 Siobhán Ní Churraighín describes how friendships grow among adults studying Irish at Oideas Gael in Co. Donegal. ◆ Bhuel, rud maith fá Oideas Gael ná, nuair a thagann duine agus má bhaineann siad sult as, de ghnáth tiocfaidh siad ar ais arís is arís eile. Mar shampla anois, "An tSeachtain Teanga is Cultúir"—is é na daoine céanna atá ag teacht ar ais go dtí an cúrsa sin ó thosaigh mise i naoi déag nócha is a haon. Agus, á, thar na blianta tá an-mhórán cairde agus bíonn siad ag cur scairt', "Cén uair atá Seán ag teacht?" nó, "Cén uair atá Nóra ag teacht?" Agus tagann siad uilig ar ais le chéile arís. Agus, chomh maith leis sin, bhí cúpla duine a chas le chéile a phós. Liam, chas Liam fhéin, Liam Ó Cuinneagáin, leis an bhean chéile anseo ar chúrsa in Oideas Gael agus, hmm, fiú amháin an tseachtain seo tá dhá chúpla úra againn. *So*, ní bheadh a fhios agat amach anseo. B'fhéidir go mbeidh bainis nó dhó eile againn.

AONAD 8

Taisteal agus cultúir eile
Travel and other cultures

Segment 1   00:41:09

Watch Interview 1, in which Muiris Ó Laoire remembers some embarrassing cultural confusion during a visit to Israel. Then go on to the notes and activities below.

Saibhriú focal

Ambaist! is a very common exclamation in Munster Irish. You'll also hear it pronounced *ambaiste!* and *ambasa!* It means something like "indeed!" or "really!" In Connacht the word *muise* fulfils the same function. *Muise* is also used in Ulster, along with *leoga.* As well as being exclamations of surprise or agreement, these words can be used ironically, to express incredulity or doubt, for example, *Tusa i do chócaire? Muise!*, which could translate as "You a cook? As if!"

Ó Ghaeltacht go Gaeltacht

Muiris uses a few words you may not have heard before or may know in a more standard form:

Sara = sula
Dhoirteas = dhoirt mé

An teanga

A. Muiris uses the phrase *ar bís*, which translates as "in a state of suspense" or "on tenterhooks." Usually the preposition *ar* causes lenition (*séimhiú*), for example, *ar pháipéar, ar shlí,* etc. There is no lenition, however, of phrases that express state or position like *ar bís*. See for example, *ar cíos* (for rent), *ar muir nó ar tír* (at sea or on land), *ar cuairt* (on a visit), *ar deireadh* (at the end). Two exceptions are *ar fheabhas* (excellent) and *ar shiúl* (gone away, departed).

Such phrases are normally lenited if qualified in any way, with an adjective for instance. For example, *ar chíos mór, ar mhuir Éireann, ar dheireadh na loinge* (at the ship's stern).

B. Practice these structures by translating the four sentences below into Irish:

1. Is the house for sale?

2. The meeting was postponed.

3. I like to go swimming in the morning.

4. She was shaking.

C. Correct any mistakes in the sentences below:

1. *Níl Úna ar fhónamh le tamall.*
2. *Bhí mé ar buile nuair a cuireadh an cheolchoirm ar cheal.*
3. *Bhí an bád ag imeacht ar barr na dtonn.*
4. *Bhí Peadar ar meisce agus chuaigh sé ar sheachrán ar a bhealach abhaile.*

INTERVIEW 1 **Muiris Ó Laoire remembers some embarrassing cultural confusion during a visit to Israel.** ◆ Tharla, ambaist'. Á, cé go raibh go leor léite agam fén . . . cultúr na nGiúdach agus fén *Shabbat* agus mar sin de sara chuas ann. Fuaireas cuireadh chuig *Shabbat*, chuig dinnéar an *Shabbat* i dtigh scoláire mhóir—ní luafaidh mé a ainm. Agus bhíos ar bís, á, agus bhíos ag ullmhú dó agus mar sin de. *So*, chuas ann, agus bhí go leor aíonna eile, ó Mheiriceá . . . bhí dream ann ó Philadelphia, is cuimhin liom go maith. *So*, pé scéal é, bhíomar ann agus tá searmanais, tá deasghnáthanna fé leith ag baint leis an *Shabbat* agus ceann díobh ná go dtéann tú, agus go níonn tú do lámha agus mar sin de. *So*, dheineas amhlaidh sa chistin, i dteannta leis na haíonna eile. Agus thánamar ar n-ais ansan agus shuíomar chun boird. Agus ina dhiaidh sin bhí ciúnas ann, agus is cuid den searmanas, is cuid den deasghnáth, an ciúnas céanna. Ach bhíos ana-mhíchompordach leis an gciúnas—rud cultúrtha é sin—agus chuireas ceist ar mo dhuine, "Conas atá an aimsir in Philadelphia?" Agus bhí, agus bhí a fhios agam, bhí an ciúnas—an rud reiligiúnda so, an rud naofa—briste agam. Agus thosaigh . . . bhí páistí i láthair ansan, gariníon mo, gariníon agus, agus garmhac an scoláire mhóir, mar a déarfá, an scoláire acadúil so. Agus, á, thosaigh, thosaíodar siúd láithreach ag gáire mar thuigeadar, "seo botún déanta ag duine fásta." *So*, bhaineadar an-súp ar fad as, agus bhíos náirithe, bhíos náirithe! Agus, ina dhiaidh sin, bhí sé níos measa fós. Á, do dhoirteas fíon ag an mbord, agus seo fíon an *Shabbat*. *So*, dáiríre *now*, dheineas ana, ana-bhotún ar fad. Ach bhraitheas go holc agus ghabhas mo leithscéal, ach thuigeadar, thuigeadar dom, ach b'in *faux pas* mór má bhí riamh.

Segment 2   00:43:08

Watch Interview 2, in which Aoife Ní Chonchúir explains how she has yet to visit the place that fascinated her as a child. Then go on to the notes and activities below.

Saibhriú focal

Find the odd one out in the three groups of words from the interview. Can you explain why one word doesn't fit with the others?

céim	draíocht	stuama
múineadh	sparán	craic
iris	iontaisí	rince

Ó Ghaeltacht go Gaeltacht

A. Listen to how Aoife says the word *pictiúr*. The emphasis is very strongly on the second syllable of the word: pic**tiúr**. So strong is this emphasis on the second syllable that unstressed vowels at the beginning of a word can disappear entirely, as in *turasóir*, which Aoife pronounces *trusóir*. This is the most important pronunciation difference between Munster or Southern dialects and the Irish of Connacht and Ulster. In these "Northern" dialects the emphasis is almost always on the first syllable.

B. Aoife uses a few words you may not have heard before or may know in a more standard form:

Raghainn = rachainn
Thugas fé ndeara = thug mé faoi deara

An teanga

A. Aoife uses the very useful phrase *ag baint le*. This could be translated as "associated with" or "attached to." How would you translate into English the two examples below from Aoife's interview?

1. *Cheapas go raibh draíocht ag baint leis an áit.*

2. *Tá ana-sprid ag baint leo.*

B. Practice further by translating the following sentences into Irish:

1. Many of these problems are connected with drugs.
   _____

2. I'm involved with the local drama group.
   _____

INTERVIEW 2 **Aoife Ní Chonchúir explains how she has yet to visit the place that fascinated her as a child.** ◆ Bhuel bhí suim riamh agam sa taisteal agus imeacht go dtí tíortha difriúla agus bualadh le daoine difriúla agus seo, siúd. Agus lá amháin nuair a bhíos, hmm, beag, chonac pictiúr istigh in iris éigin, is dócha gurb é an *National Geographic* a bhí ann, pictiúr de Machu Picchu i Peru. Agus nuair a chonac an pictiúr so, cheapas go raibh draíocht ag baint leis an áit agus go raibh sé go haoibhinn ar fad agus dúrt liom fhéin an uair sin gur lá breá éigin go raghainn go Meiriceá Theas mé fhéin agus an áit seo a fheiscint. Agus, mar sin, nuair a bhíos, á, ag dul go dtí an ollscoil, dúrt liom fhéin go bhfoghlaimeoinn Spáinnis ionas go mbeadh deis agam dul ag taisteal go dtí sna háiteanna san. Agus nuair a bhí an chéim bainte amach agam ansan agus beagáinín airgid sábháilte, thugas aghaidh ar Quito, in Eacuadór, agus chaitheas dhá mhí ag múineadh Béarla ansan. Agus, hmm, ansan nuair a bhí an dá mhí san istigh, dúrt liom fhéin go dtaistealóinn timpeall beagán agus chuas suas go dtí Columbia agus go Venezuela agus ansan, ar deireadh, chuas síos go Peru. Ach fén am san ní raibh mo dhóthain airgid fágtha agam chun dul síos go dtí Cuzco, an chathair is cóngaraí do Machu Picchu. Agus ní raibh an t-airgead sa sparán agam agus chaitheas casadh timpeall agus dul abhaile. *So*, mar sin, ar deireadh, ní fhaca Machu Picchu riamh ach is cuma—bhí oiread iontaisí feicthe agam an uair sin, agus oiread áiteanna deasa. Ba chuma liom nach raibh Machu Picchu feic, feicthe agam agus b'fhéidir dá mbeinn imithe ann go mbeadh an draíocht ar fad ag baint leis an áit imithe, mar téann ana-chuid turasóirí ann agus, á, níl faic mícheart . . . gan dabht bhíos im' thurasóir mé fhéinig.

Ach, hmm, ba chuma liom gan an áit a bheith feicthe agam. B'fhéidir go raghainn thar n-ais lá éigin eile agus é a fheiscint.

Ach á, tá muintir Mheiriceá Theas ana-dheas ar fad. Tá ana-sprid ag baint leo, agus ana-anam ag baint leo agus tá siad ana-chairdiúil. Agus thugas fé ndeara nuair a bhíos thall ann go raibh saghas dhá chultúr difriúil ann, go raibh muintir na hAndes difriúil le muintir an chósta, go rabhadar rud beag níos stuama, níos ciúine, b'fhéidir, agus go raibh muintir an chósta ansan saghas, hmm, bhíodh, chifeá ag rince iad, ag ól agus craic acu agus rudaí mar sin. So, bhí saghas dhá rud difriúil ann, agus bhí an dá rud ana-dheas.

Segment 3   00:45:33

Watch Interview 3, in which Ciara Ní Shé describes her travels in India and South America. Then go on to the notes and activities below.

An teanga

In Aonad 3, Segment 1, we noted that compound prepositions like *fá choinne* and *ar feadh* have the effect of placing following nouns in the genitive case. Ciara says *ar feadh bliana*, for example. The word *chun* has the same effect when it's used to express direction. Here are a few examples from the interviews:

- *chun na hInde (an Ind)*
- *shuíomar chun boird (bord)*
- *isteach chun an Daingin (an Daingean)*

Be careful, however, not to follow the same rule when using with *chun* to express purpose. There is no change at all to the noun in this case. Below are a few examples from the interviews:

- *chun ceol a chur ar fáil*
- *chun a chlann iníon a bhailiú*
- *chun tacaíocht a thabhairt dúinn*

A good way to remember this rule is to memorize Ciara's sentence *"Ní ullmhóidh aon rud riamh thú chun taisteal chun na hInde." Taisteal* remains unchanged because purpose is involved and *an Ind* is placed in the genitive case because direction is involved.

Practice the genitive by translating the sentences below. Make sure that you use *chun* in each case.

1. I went to France to learn the language.

2. I'm not fluent enough to teach a class.

3. I went to the hospital to meet the doctor.

4. Would you like to come to dinner tomorrow night?

Feasacht teanga

A. You may have noticed that speakers use the Irish forms of some foreign place-names and the English forms of others. In some cases they may not be sure of the Irish form and in other cases they may decide that it is clearer to leave the name untranslated. The names of countries and capital cities are mostly translated in the atlases produced by the educational publishers An Gúm. There is a long list of nations and places in the dictionary *Tíreolaíocht agus Pleanáil/Geography and Planning* (1981). You can find the same information at the website www.focal.ie if you prefer to go online.

B. Here are some North American places for which there are Irish versions:

- *Bostún* (Boston)
- *Nua-Eabhrac* (New York)
- *Bá Hudson* (Hudson Bay)
- *Albain Nua* (Nova Scotia)
- *Talamh an Éisc* (Newfoundland)
- *Na Sléibhte Creagacha* (The Rocky Mountains)

INTERVIEW 3 **Ciara Ní Shé describes her travels in India and South America.** ◆ Bhuel is dócha, cosúil le hana-chuid daoine in Éirinn téann siad thar lear, saghas, ar feadh bliana nó b'fhéidir níos mó. *So*, dheineas an turas go dtí an Astráil agus dheineas an turas chun . . . go dtí an Nua-Shéalainn ach do chaitheamar cúpla mí hmm, san Áis, saghas, ag taisteal chomh maith, ar an dturas céanna. Agus do chaitheamar mí san Ind agus bhí sé sin thar a bheith suimiúil, abair, bhí sé ana-dhifriúil ó aon tír eile. Saghas, chonaiceamar, hmm, is dócha, *just*—ní ullmhóidh aon rud riamh thú chun taisteal chun na hInde. Is tír ana-thapaidh í, is tír lán de dhaoine í. *So*, bhí sé sin ana-shuimiúil ar fad, dul chun na hInde agus é sin a fheiscint. Hmm, bhí ana-chuid bochtanais ann, rud a chloiseann tú i gcónaí mar gheall ar an Ind agus tá sé fíor, is tír ana-bhocht í. Ach, is dócha, ar an dtaobh eile, tá ana-shaibhreas ann chomh maith. *So*, chonaiceamar, saghas, an dá thaobh de san. Á, chomh maith leis sin, cúpla bliain ó shin, b'fhéidir ceithre bliana ó shin, chuas go dtí hmm, Meiriceá Theas agus dheineas roinnt taistil i bPeiriú agus in Eacuadór agus bhí sé sin go hiontach. Bhí sé ana-shuimiúil chomh maith.

AONAD 9

Cúrsaí spóirt
Sport

Segment 1 00:46:50

Watch Interview 1, in which Donncha Ó Cróinín explains how Gaelic games are interwoven into community life in Ireland. Then go on to the notes below.

Feasacht teanga

A. You'll often see *peil ghaelach* written with an uppercase g (*peil Ghaelach*), but it is more correct to reserve the uppercase for nationality or titles, for example, the Gaelic League. It's the same with the Irish for "italics," which is *cló iodálach*. The word *iodálach* is only an adjective here and doesn't really refer to Italian nationality.

B. The Irish word *gaelach* is synonymous with "Irish" in some contexts. "Irish dancing" is known as *rince gaelach*, for example. The Irish language is sometimes called "Gaelic" in English, but that word is more correctly applied to its sister language in Scotland.

Cultúr

Cumann Lúthchleas Gael (the Gaelic Athletic Association or GAA) was founded in 1884 by cultural nationalists as a counterweight to the dominance of English sports and sporting associations in Ireland. Although amateur in its ethos it is by far the biggest sporting body in Ireland. The social life of many areas, particularly in the countryside, revolves around the local GAA club. The national stadium at Croke Park (*Páirc an Chrócaigh*) is the envy of Ireland's professional sporting associations. The GAA has revived and standardized the old game of hurling (*iomáint* or *iománaíocht*) but hasn't quite succeeded in spreading its popularity to the same extent as Gaelic football (*peil ghaelach*). Women's football is increasingly popular and women's hurling is known as camogie (*camógaíocht*). The amateur status of the games is under some pressure from the demands of marketing and sponsorship. Some players argue that it is unfair to demand professional levels of athleticism for no financial reward. See www.gaa.ie.

INTERVIEW 1 **Donncha Ó Cróinín explains how Gaelic games are interwoven into community life in Ireland.** ◆ Is dócha gur rugadh agus gur tógadh muid ar fad le peil ghaelach agus iomáint agus, á, go háirithe i mBaile Átha Cliath bíonn tú ag plé, den chuid is mó, leis an bpeil ghaelach. Agus, á, bhí sé, bhí sé ag mo mhuintir i gcónaí. Bhí sé ag mo mháthair, agus bhí sé ag m'athair. Agus, á, bhí sé i gcónaí de nós againn bheith páirteach sa chlub áitiúil, sa chumann áitiúil, agus á, ar ndóigh, bhíodh sé sa scoil. Á, bhíodh na múinteoirí i gcónaí sásta fanacht i ndiaidh na scoile agus foireann peile a chur ar bun agus cúpla cluiche a bheith againn. Agus, ar ndóigh, bhí sé de nós againn freastal ar na páirceanna agus na cluichí áitiúla. Agus freisin dul chuig Páirc an Chrócaigh, nuair a bhí mise óg.

Segment 2

00:47:42

Watch Interview 2, in which Dara Ó Cinnéide argues that the GAA should stay true to its amateur ethos. Then go on to the notes and activities below.

An teanga

A. Notice that Dara uses *Cumann Lúthchleas Gael* when referring to **the** Gaelic Athletic Association. Perhaps under the influence of English, many learners make the mistake of using the definite article in Irish as well, and saying *An Cumann Lúthchleas Gael*. This is incorrect and unnecessary because, like all proper nouns (names of places, people, etc.), *Cumann Lúthchleas Gael* is already definite. Be careful not to use *an* incorrectly in phrases like *bean an tí* or *tús na bliana*. *An bhean an tí* or *an tús na bliana* are incorrect and sound very unnatural to Irish speakers. Remember that the article is already in *bean **an** tí* and *tús **na** bliana*. There is no need to repeat it as in English "**the** woman of **the** house" or "**the** beginning of **the** year."

B. In Aonad 5, Segment 2, we explained the difference between strong and weak plurals. Basically, "strong" plurals retain their distinct plural form in the genitive case, whereas weak plurals in the genitive case are identical to their singular form, for example, *an iomad gluaisteán, a lán Éireannach* etc. There are certain plural endings which are "strong" and others which are "weak." Here are some strong plurals from Dara's interview:

-í	*-anna*	*-te*
Íobairtí	staideanna	sluaite
geataí	páirceanna	
cúrsaí		

C. One of the most common "weak" plurals are those in the first declension. Here the plural is formed by changing *-ach* to *-aigh* or by "slenderizing," that is, inserting an *-i* at the end of the word. Another group of mostly weak plurals are nouns that form the plural by adding *-a* to the end.

Singular	Plural	Genitive plural
fear	*fir*	*éadaí fear* (men's clothes)
leabhar	*leabhair*	*siopa leabhar* (bookshop)
úll	*úlla*	*ag bailiú úll* (gathering apples)
Éireannach	*Éireannaigh*	*a lán Éireannach* (many Irish people)

Practice the genitive plurals by making whatever changes are necessary to the words in brackets below.

1. *Níl go leor (imreoir) _____ againn le foireann a chur le chéile.*
2. *Bíonn gach uile dhuine ag iarraidh (ticéad) _____ do na cluichí móra.*
3. *Tá an-chuid (buntáiste) _____ ag baint le bheith ag imirt spóirt.*
4. *Bíonn na daoine ag canadh (amhrán) _____ agus ag croitheadh (bratach) _____ le linn na gcluichí.*
5. *Bhí i bhfad níos mó (cúl) _____ agus (cúilín) _____ ag foireann Mhaigh Eo.*

INTERVIEW 2 **Dara Ó Cinnéide argues that the GAA should stay true to its amateur ethos.** ◆ Bhuel, ní dóigh liom féin gur cheart imreoirí Chumann Lúthchleas Gael a íoc. Is pribhléid é dáiríre bheith ag imirt do do chontae. Gan dabht, chíonn gach éinne, gach aon Domhnach, b'fhéidir, i rith an tsamhraidh, téann siad isteach i bPáirc an Chrócaigh nó i Staid an Ghearaltaigh nó i Staid Semple nó áit éigin mar sin is chíonn siad na sluaite bailithe isteach agus airgead maith díolta acu aigese geataí. Ach is dóigh liom go dtéann an t-airgead san ar fad thar n-ais go dtí Cumann Lúthchleas Gael ar mhaithe le forbairt, cúrsaí forbartha, forbairt don gcleas óg. Agus má théann tú timpeall na tíre ar fad, in aon áit, in aon bhaile beag ar fud na tíre, tá staideanna agus tá páirceanna ann go bhfuil ana-chóir curtha orthu agus ana-chuid airgid imithe isteach iontu agus sin an áit a théann an t-airgead. Gan dabht, deineann imreoirí móríobairtí, ach baineann siad súp as, baineann siad sásamh as agus baineann siad tairbhe as chomh maith. Tá aithne ar fud na tíre ar na himreoirí móra le rá atá ag imirt i láthair na huaire agus baineann siad tairbhe as bheith ag imirt lena gcontae. *So*, cé gur íobairt mhór é is pribhléid mhór é chomh maith.

Segment 3   00:48:41

Watch Interview 3, in which Cian Marnell remembers a particularly aggressive sports fan. Then go on to the notes and activities below.

Saibhriú focal

All of the words below have multiple meanings. Which meaning best suits the context in which Cian uses them?

1. *alltacht*
   - ○ wildness
   - ○ amazement
2. *corn*
   - ○ a cup
   - ○ a horn
3. *smacht*
   - ○ rule, dominance
   - ○ discipline, control
4. *foréigean*
   - ○ compulsion
   - ○ violence
5. *uafás*
   - ○ atrocity
   - ○ horror
6. *dearcadh*
   - ○ outlook
   - ○ foresight
7. *leagan*
   - ○ bringing down
   - ○ version
8. *meas*
   - ○ opinion
   - ○ esteem

Feasacht teanga

Irish has naturally had a massive influence on the way English is spoken in Ireland. Although under pressure from the standardized language of media and education, Hiberno-English lives on in phrases such as "You're after asking me a very hard question" (*Tá tú i ndiaidh ceist an-deacair a chur orm*) and "He's gone out and him without a coat on him" (*Tá sé imithe amach agus é gan cóta air*). Cian uses the phrase *ag tabhairt amach*, which means "complaining" or "scolding" and appears in Hiberno-Irish as "giving out." The best translation for *fear mór iománaíochta m'athair* would be "my father was a great hurling man."

For more information on how Irish has influenced English in Ireland see "A Hiberno-Irish Archive" at www.hiberno-english.com/grammar.htm.

An teanga

Cian uses the word *chuile,* which is a shortened version of *gach uile.* Like every language Irish has many shortened forms, or contractions, of common phrases. Can you give the full version of the following contractions? Use the dictionary if you need to.

1. *goitse*
2. *achan*
3. *uilig*
4. *éinne*
5. *tuige*
6. *goile*

INTERVIEW 3 **Cian Marnell remembers a particularly aggressive sports fan.** ◆ Bhí, hmm, bhí foréigean de chineál éigin ann i gcónaí, is dócha . . . Cumann Lúthchleas Gael. Hmm, go mbíonn siad fós ag tabhairt amach go bhfuil easpa smachta ar an bpáirc imeartha. Hmm, agus tá, má dhéanann tú comparáid anois idir an sacar a bhí ar siúl i gCorn . . . sa Chorn Domhanda. Hmm . . . i bhfad níos smachta ansan, hmm, ar an bpáirc imeartha. Ní chuile imreoir, *now*, gan amhras, hmm, ach i gcoitinne. Hmm, má dhéanann tú comparáid idir sin agus gnáthchluiche, déaraimis, peile againn fhéinig. Hmm, bíonn i bhfad níos foréigin ann agus tá, tá scéilín againne chomh maith.

Théimis-ne go Páirc an Chrócaigh go minic, mar is as an gceantar sin de Bhaile Átha Cliath sinn. Agus, hmm, théimis chuig na cluichí iománaíochta mar fear mór iománaíochta m'athair. Agus bhí ollamh, seanollamh gaelach—ní ollamh le Gaeilge a bhí ann anois, ach fear gaelach agus ollamh a bhí ann i gcoláiste áirithe—agus fear mór sa tigh é. Nuair a thagadh seisean ar cuairt bhí, bhí an-ómós againn dó agus athair baistí duine des na deirfiúracha agam é. Ach, hmm, thagadh alltacht orainne, uafás orainn, nuair a chloisimis é i bPáirc an Chrócaigh: "Cén fáth nár bhuail sé sna heasnacha é? Bhí sé de cheart aige é a bhualadh sna heasnacha!" Agus ní hin an dearcadh a bhí ag m'athair i leith an spóirt in aon chor agus is, is oscailt súl dúinne a bhí ann, mar pháistí, go raibh an, an leagan eile seo den chluiche ann chomh maith, ina raibh meas ar fhoréigean agus ar dhíoltas, agus, agus ar an díoltas a bhaint amach i dtosach báire.

Segment 4 00:50:28

Watch Interview 4. We asked Siobhán Ní Churraighín if there were any activities available for her son when the sporting year comes to a close. Then go on to the notes below.

Saibhriú focal

The words *go deo* can be added to a phrase as an intensifier as Siobhán does here when talking about her son's interest in football. Other examples are: *Bhí an-oíche go deo againn aréir* (We had a fantastic night last night) and *Tá an-spéis go deo agam sa pholaitíocht* (I'm extremely interested in politics).

Ó Ghaeltacht go Gaeltacht

A. In Donegal Irish, you'll often hear an *f* sound in the third person plural of some prepositional pronouns. Below are some common forms, with their more standard equivalent in the left-hand column.

Donegal Irish	Standard forms
daofa	*dóibh*
faofa	*fúthu*
leofa	*leo*

B. The gender of nouns can change from one Gaeltacht area to another. Although *coláiste* is described as a masculine noun in most dictionaries, it is feminine in the Irish of Donegal. That's why Siobhán says *an choláiste*.

INTERVIEW 4 **We asked Siobhán Ní Churraighín if there were any activities available for her son when the sporting year comes to a close.** ◆ Níl, mar tá an saol difriúil anois. Nuair a bhí muidne ag fás suas ní raibh an oiread sin béim' ar na tithe tábhairne agus ar ólachán. Ach, anois, tá. Agus cé go bhfuil neart aige le déanamh sa samhradh, tá neart campaí samhraidh, tá an choláiste ag dul i dTeileann, tá an peil . . . buíochas le Dia tá sé sáite sa pheil, an-suim aige go deo sa pheil, ach sa gheimhreadh níl rud ar bith ag dul ar aghaidh. Bhí club óige, cinnte, á, ach stad sé de réir rialacha agus árachais agus achan rud de, agus níl rud ar bith ag dul ar aghaidh sa gheimhreadh daofa. Agus is drochrud é sin, caithfidh mé a rá, mar is é an t-aon rud a thig leofa a dhéanamh ná dhul go dtí an teach tábhairne le, b'fhéidir, snúcar nó púil a imirt sa gheimhreadh.

Segment 5

00:51:16

Watch Interview 5, in which Ciara Ní Shé talks about the pleasures of sailing and walking. Then go on to the notes and activities below.

An teanga

A. The most common circumstance in which nouns are placed in the genitive case is when two nouns come together, for example, *carr Shéamais*, *leabhar Spáinnise*, *muintir na hÉireann*, etc. We've encountered another two in the interviews so far:

- Compound prepositions such as *ar feadh* and *fá choinne* (see Aonad 3, Segment 1).
- The preposition *chun* when used to express direction, for example, *chun na Fraince*, *chun boird*, etc. (see Aonad 8, Segment 3).

B. Ciara mentions another preposition that places succeeding nouns in the genitive case, that is, *timpeall*: *timpeall na mbóithre*. The prepositions *cois* and *trasna* have a similar effect. Below are some examples from the interviews:

- *ag breathnú trasna an chuain*
- *má théann tú timpeall na tíre*
- *i mo chónaí cois na farraige*

C. Another important factor is how verbal nouns work in Irish. *Ceol* is a good example. It is both a noun (*Is maith liom an ceol sin*) and a verb (*Bíonn sí i gcónaí ag ceol*). Any noun that is the object of *ag ceol* will usually appear in the genitive, for example, *amhrán* (*Bíonn sí i gcónaí ag ceol an amhráin sin*). Below are some more examples from the interviews:

- *ag léamh an Bhíobla*
- *ag lorg eolais*
- *ag cur na gceisteanna céanna*
- *ag déanamh staidéir*

We'll discuss the verbal noun further in Aonad 10, Segment 1.

D. Practice the genitive case by translating the sentences below into Irish:

1. I'd like to travel around (*timpeall*) Europe.

2. I became tired during (*le linn*) the lecture.

3. Síle was reading the paper and smoking a cigarette.

4. We're learning grammar in Peadar's class.

5. She fell while crossing (*ag dul trasna*) the street.

INTERVIEW 5 Ciara Ní Shé talks about the pleasures of sailing and walking. ◆ Bhuel, is dócha is maith liom a bheith ag siúl. Tá ana-chuid sléibhte agus cnoic againn anseo timpeall agus, á, dheininn, is dócha, níos mó dreapadóireachta orthu san. Ach anois, saghas, gnáthshiúl timpeall na mbóithre, ach tá sé deas ciúin, abair, is féidir leat dul ag siúl anso agus níl an oiread san gluaisteán ann. Hmm, is ábhairín léitheoireachta nuair a bhíonn seans agam agus, hmm, chomh maith leis sin, téim amach ar, ar an bhfarraige—tá bád seoltóireachta againn nó "luamh." Agus deinimid ábhairín seoltóireachta uirthi sin anois agus arís. Dheininn, is dócha, dheineas beagán de anuraidh agus tá m'fhear céile, tá sé sáite go mór ann. Is breá leis sin bheith ag obair agus ag seoltóireachta ar an bhfarraige. Agus, hmm, níl ana-chuid taithí agam ach, *just*, is maith liom a bheith ar an bhfarraige agus is maith liom bheith amuigh ar bháid.

AONAD 10

Tuairimí 1
Opinions 1

Segment 1 00:52:22

Watch Interview 1, in which Helen Ó Murchú discusses the controversial issue of fur coats and animal welfare. Then go on to the notes and activities below.

Saibhriú focal

The verb *déan* is often used as an auxiliary verb in Irish. Helen says *Is ceann é sin a dheineas a fhiosrú fadó*, which translates as "That's something I researched a long time ago." She could have simply used the verb *fiosraigh* and said *Is ceann é sin a d'fhiosraigh mé fadó*. There is a similar choice in the examples below:

To discuss a subject	*Ceist a phlé* (or) *plé a dhéanamh ar cheist*
To research a subject	*Ceist a thaighdiú* (or) *taighde a dhéanamh ar cheist*
To investigate a story	*Scéal a fhiosrú* (or) *fiosrú a dhéanamh ar scéal*

Ó Ghaeltacht go Gaeltacht

Notice the word *ná* in the sentence *faoi choinníollacha ana-mhaith ná beadh acu insa bhfásach.* You might have expected *nach*, which eclipses the following verb: *nach mbeadh*. *Ná* is a variant of *nach* commonly used in Munster Irish. It has no effect at all on the verbs that come after it. You'll hear it a lot in the interviews with speakers from Cork and Kerry.

An teanga

A. You may have noticed the lenition or *séimhiú* in the final word of *ag fáil bháis*. Normally there is no *séimhiú* on nouns, which are the object of verbal nouns, for example, *ag foghlaim Gaeilge, ag ól fíona*, etc. *Ag fáil bháis* is an exception to the rule, as is *ag gabháil fhoinn* (singing a song).

B. *Claoninsint* is the Irish for "indirect speech." It is marked by the use of short words like *go*, *nach* and *nár*, which have various grammatical effects on the verbs that follow. Here are some examples from the interviews:

1. One can say that there have been many changes here.
   *Is féidir a rá **go bhfuil** an-chuid athruithe tarlaithe anseo.*
2. I think that education never ends.
   *Sílim **nach mbíonn** deireadh leis an oideachas go deo.*
3. I think that it was the National Geographic.
   *Sílim **gurb** é an National Geographic a bhí ann.*
4. Although he wasn't a music teacher.
   *Cé **nach** múinteoir ceoil a bhí ann.*

Practice indirect speech in Irish by "reporting back" some of what Helen says in her interview, as in the example.

Example:
"*Ní chuirim ceist ar eagla go bhfaighinn an freagra.*"
Dúirt Helen nach gcuireann sí ceist ar eagla go bhfaigheadh sí an freagra.

1. "*Bím ag dul ó thaobh amháin go dtí an taobh eile.*"

2. "*Is roghanna an-deacair le déanamh iad.*"

3. "*Níor mhaith liom a cheapadh go mbeadh aon ainmhí i bpian.*"

4. *"Bhraith mé go raibh daoine beagán ró-oibrithe mar gheall air."*

_____

5. *"Is ceann é sin a dheineas a fhiosrú fadó."*

_____

INTERVIEW 1 **Helen Ó Murchú discusses the controversial issue of fur coats and animal welfare.** ◆ Is dócha an, an . . . tá ceist amháin eile agus b'fhéidir go mbeifeá á cur orm mar gheall ar an gcomhshaol agus baineann sé le cótaí fionnaidh, b'fhéidir. Is ceann é sin a dheineas, a dheineas a fhiosrú fadó, á, á, dom fhéin, mar bhraitheas go mb'fhéidir go raibh daoine beagán ró-oibrithe mar gheall air. So, do dheineas fiosrú mar gheall air agus fuaireas amach, á, na cótaí fionnaidh tacair a fhaigheann tú, á, nuair a bhíonn siad san á ndéanamh, de réir dealraimh, cuireann siad níos mó dochair insan aer ná mar a dhéanann an t-ábhar, á, nádúrtha, ná mar a dhéanfadh an t-ábhar nádúrtha go brách. Chomh maith leis sin, fuair mé amach ó dhaoine go raibh scileanna a bhain, á, le déanamh, á, na gcótaí fionnaidh, go rabhadar san ag imeacht agus nach rabhadar á n-athnuachan agus, dá bhrí sin, ana-chuid teaghlach as, ní amháin as obair, ach imithe le rudaí eile a d'fhéadfadh níos mó díobhála a dhéanamh, á, á, don timpeallacht.

Ansan tá cúrsaí cosmaidí. Tá, á . . . níor mhaith liom a cheapadh go raibh aon ainmhí i bpian mar gheall ar aon chosmaidí a chuirfinnse orm fhéin agus, uaireanta b'fhéidir, go mbím idir . . . nach gcuirimse an cheist ar eagla go bhfaighinn an freagra. Hmm, ansan, maidir le . . . ainmhithe a bheith in úsáid, hmm, ó thaobh leigheas a aimsiú nó a leithéid sin, arís bíonn comhartha ceiste. Á—cé acu is measa, ainmhithe a ghintear is dócha agus a choimeádtar faoi choinníollacha ana-mhaith ná beadh acu insa bhfásach, b'fhéidir. Á, agus é sin a chur i gcomparáid le beatha duine a tharrtháil, atá ag fáil bháis. Agus is roghanna ana-dheacair le déanamh iad sin. Agus, hmm, bím ag dul ó thaobh amháin go dtí taobh eile cosúil leis an ngnáthdhuine, is dócha.

Segment 2

00:54:30

Watch Interview 2, in which Trevor Sargent discusses a spiritual vacuum in modern Ireland. Then go on to the notes and activities below.

Saibhriú focal

A. *Dar liom* or the emphatic form *dar liomsa* are very simple ways of saying "I think" or "it seems to me." Unlike other phrases with the same meaning, they needn't be followed by indirect speech. Contrast *Dar liomsa tá gorta ann* with *Is dóigh liom go bhfuil* or *sílim go bhfuil* or *measaim go bhfuil gorta ann*.

B. Using the word *mar* for "because" has the same advantage over the many alternatives, as we can see from the following examples from the interviews.

With *mar*	With other phrase + indirect speech
mar tá an fharraige thart timpeall orainn	toisc go bhfuil an fharraige thart timpeall orainn
mar is breá liom saol na cathrach	de bhrí gur breá liom saol na cathrach
mar is as an gceantar sin de Bhaile Átha Cliath sinn	de bharr gur as an gceantar sin de Bhaile Átha Cliath sinn

C. Trevor uses two English words in the interview; these are "yoga" and "meditation." Search for these words at the terminology database www.focal.ie.

Feasacht teanga

Trevor says *dúirt duine le cara liom*, which translates as "somebody said to a friend of mine." A common mistake among learners is to say something like *dúirt duine le mo chara* instead of *cara liom* or *cara de mo chuid*. Unfortunately, saying *mo chara* strongly suggests that you only have one friend! Also, when addressing a friend in a letter or in conversation avoid saying *Mo chara*. Irish speakers use the vocative case and say *A chara*.

The mistakes described above arise from *Béarlachas,* the use of English idiom in written and spoken Irish. There is more about *Béarlachas* in Aonad 17, Segment 3.

INTERVIEW 2 **Trevor Sargent believes that there is a spiritual vacuum in modern Ireland.** ◆ Dar liomsa tá gorta ann. Tá gorta spioradálta ann, ina lán bealaí agus bíonn, bíonn daoine ag léamh na nuachtán, mar shampla, feiceann tú altanna mar gheall ar *yoga* agus, hmm, *meditation* agus conas a bheith ar do shuaimhneas agus má tá tú faoi bhrú, cad is ceart a dhéanamh agus a lán cúrsaí agus laethanta saoire, hmm, hmm, atá ag díriú ar chúrsaí suaimhneas intinne agus mar sin de. Agus, dar liomsa, hmm, tá deis mhór ann ag na heaglaisí, hmm, iad fhéin a chur in oiriúint don, don ghlúin atá ann fé láthair agus an sórt saoil atá ag daoine. Hmm, tá sé ana-thábhachtach domsa go bhfuil, á, Bíobla agam, go mbímse ar an traein ar maidin, á, ag léamh an Bhíobla. Cé go ndúirt duine le cara liom, "Ní chaithfidh mé vóta don duine sin mar tá, is duine é a léann an Bíobla!" Agus . . . b'fhéidir go bhfuil deis, á, ann dom díriú ar na daoine a thaitníonn an Bíobla leo. Ach, ag an am céanna, is cuid den saol pearsanta domsa é, agus tá a fhios agam go bhfuil mé ag caint go poiblí mar gheall air. Ach is, is rud tábhachtach dom . . . agus tugann sé deis dom a bheith gníomhach, hmm, de bharr go gceapaimse go bhfuil mé ag déanamh rud éigin chun leas an domhain agus, á, chun leas an duine fhéin. Agus bímse, hmm, ar mo chompord mar gheall air.

Segment 3

00:56:20

Watch Interview 3, in which Cathal Ó Searcaigh explains what attracts him to Buddhism. Then go on to the notes and activities below.

An teanga

Below are some sentences from the interview, along with English translations. Complete the sentences by writing the correct preposition in each gap.

1. I have a great affinity with Buddhism.
   Tá báidh mhór _____ _____ *an Bhúdachas.*
2. They are very much at peace with themselves.
   Tá siad go mór _____ *a suaimhneas* _____ *féin.*
3. To laugh at yourself.
   Gáire a dhéanamh _____ *féin.*
4. They aren't afraid of the other religions.
   Níl eagla _____ _____ *na creidimh eile.*

Ó Ghaeltacht go Gaeltacht

Cathal uses a few words you may not have heard before or may know in a more standard form:

Báidh = bá (sympathy or liking)
Creidíocha. This is a plural of *creideamh*, a word that is almost always used in the singular.
Tig leo. This has the same meaning as *is féidir leo.*
Dáiríribh = dáiríre

Feasacht teanga

A. No speaker of Irish, however gifted, replicates fully the complex structures of the written language in normal speech. Here, for example, Cathal says *cineál creideamh* when one might expect the genitive *cineál creidimh*. But the tension between grammatical correctness and the spoken language is more than just a question of occasional mistakes or lapses.

Sometimes a balance has to be struck between accuracy and communication. For instance, the word *feithid* is a feminine noun and ought to be lenited after the article: *an fheithid*. But to do so would be to significantly change the sound of the word. Would it still be understood?

B. Cathal uses the terms for "Buddhism" (*An Búdachas*) and "Buddhists" (*Búdaithe*) but then goes on to use the English words "extremist Buddhist." Presumably Cathal would have no problem translating this, but felt that its impact wouldn't be the same in Irish. After all, we're all familiar with the English "religious extremists." Being fully bilingual, native speakers of Irish draw upon English when they feel it aids communication.

INTERVIEW 3 **Cathal Ó Searcaigh explains what attracts him to Buddhism.** ◆ Tá báidh mhór agam fhéin leis an Bhúdachas. Á, is maith liom an meas atá insa Bhúdachas ar achan rud, beag agus mór. Á, an crann ar an chnoc, an feithid san aer, an Dia sa duine agus an duine i nDia. Á, agus an dóigh go bhfuil muid ar fad ceangailte lena chéile. Agus, dar ndóighe, á . . . ní, ní chasfar ort, á, *extremist*, á, *Buddhist*, mar a déarfá. Á, tá siad i gcónaí séimh, go mór, á, ar a suaimhneas leo fhéin, i dtiúin leo fhéin agus, dá bharr sin, i dtiúin le daoine eile, i dtiúin lena dtimpeallacht agus i dtiúin le Dia, cá bith é fhéin nó í fhéin. Á, is maith liom, á, an cineál sin creideamh, agus creideamh fosta go dtig leo gáire a dhéanamh. Braithim, *you know*, braithim go bhfuil sé tábhachtach gáire a dhéanamh fút fhéin, agus go leor de na creidíocha ceartchreidmheacha, nach bhfuil spéis ar bith acu gáire a dhéanamh faofa fhéin—go bhfuil achan rud chomh dáiríbh. Glacann na Búdaithe leis na creidíocha ar fad. Níl eagla ar bith orthu roimh na creidíocha eile.

AONAD 11

Oideachas
Education

Segment 1   00:57:58

Watch Interview 1, in which Ciara Ní Shé remembers her own schooldays and her hopes for her daughter's education. Then go on to the notes and activities below.

Saibhriú focal

A. We have seen a number of ways of saying "I don't know." Here, Ciara says *N'fheadar*, but she could also have used *Níl a fhios agam*. As well as expressing a simple lack of knowledge both these phrases can express doubt or indecisiveness. *"N'fheadar ar cheart dom cur isteach ar an phost sin?"* would translate as "I wonder should I apply for that job?" *"Níl a fhios agam an bhfuil an ceart agat ansin"* would mean something like "I'm not sure you're right about that." Try translating the sentences below using *N'fheadar* or *níl a fhios agam*.

1. I wonder who will win the game. _____
2. I'm not sure I want to go out tonight. _____
3. I wonder who called. _____

B. Ciara uses another very useful word, that is, *seachas*. It can mean "apart from" or "other than" as well as meaning "compared to" or "in contrast to." Translate the following sentences into English and explain in what way *seachas* is being used.

1. *Ní fearr liom ceann ar bith acu seachas a chéile.*
   ___
2. *Ní raibh aon rud le léamh ann, seachas sean-nuachtán.*
   ___
3. *Tá feabhas mór ar do chuid Gaeilge seachas mar a bhí.*
   ___

Ó Ghaeltacht go Gaeltacht

Ciara pronounces *Ollscoil na Gaillimhe* as if it were written *Ollscoil na Gaillí*. A short *i* becomes lengthened before *bh* and *mh* in the Irish of Munster. Another example is the dialect word *cuíosach*, which comes from *cuibheasach* (fair, middling).

INTERVIEW 1 **Ciara Ní Shé remembers her schooldays in Kerry. Is there anything she would do differently for her own daughter?** ◆ Bhuel, chuas ar scoil chónaithe anso, atá cóngarach a dhóthain dúinn—Coláiste Íde. Agus chuas ansan ar feadh cúig bliana agus, hmm, bhí sé go hálainn, bhí sé go diail, ach n'fheadar an gcuirfinn, hmm, m'iníon go dtí scoil chónaithe. Saghas, bhí sé deacair a bheith, b'fhéidir, ag maireachtaint ana-chóngarach don mbaile agus ní rabhas ábalta dul abhaile. *So,* b'in b'fhéidir rud amháin ná deinfinn. Hmm, seachas san, ní, ní dóigh liom é. Fuaireas mo chuid, mo chuid oideachais ar fad tré Ghaelainn. Chuas go dtí Coláiste Íde, meánscoil chónaithe lánghaelach is ea í. Ansan chuas go dtí Ollscoil na Gaillimhe agus dheineas céim sa Ghaelainn agus sa Tíreolaíocht agus do dheineas é sin trí Ghaelainn. *So,* ní chím go ndéanfainn aon athrú air sin. D'fhágfainn é sin, saghas, dá dteastódh ó Mhéabh é sin a dhéanamh. Agus anois, fiú amháin, tá i bhfad níos mó roghanna ar fáil—cúrsaí breise a dhéanamh trí Ghaelainn agus, *like*, tá, tá san . . . agus tá an seans sin ann dá dteastódh uaithi é a dhéanamh. Hmm, chomh maith, is dócha, an bhunscoil in aice linn anso, is scoil ana-mhaith í. Tá sí ana-bheag agus bhí seans linn, is dócha, go rabhamar ar scoil ansan. Ní raibh ach ochtar sa bhunscoil sa rang liom. *So,* beidh an seans san ag Méabh arís. *So,* tá an t-ádh léi, is dócha.

Segment 2

00:59:17

Watch Interview 2, in which Cathal Ó Searcaigh remembers an inspirational teacher. Then go on to the notes and activities below.

Saibhriú focal

Find words in the interview that match the definitions below:

1. *cumas chun rudaí a shamhlú, cruthaitheacht*
2. *píosa nó mír amach as leabhar*
3. *plé nó argóint idir daoine*

An teanga

Cathal mentions *féinmhuinín* (self-confidence) in his interview. *Féin* is often prefixed to words to create new senses. Try to prefix *féin* to the following words. How will it effect the spelling of the original word? What does each new word mean?

1. *cosaint*
2. *teagasc*
3. *íobairt*
4. *freastal*
5. *moladh*
6. *trua*
7. *smacht*
8. *fostaithe*

Ó Ghaeltacht go Gaeltacht

Scoltacha. This is a variant plural of *scoil*. The standard plural is *scoileanna*.
Isteach 'na ranga = isteach chun an ranga.

INTERVIEW 2 **Cathal Ó Searcaigh remembers an inspirational teacher.** ◆ Ach ansin chuaigh mé go scoil eile—ceardscoil i nGort a' Choirce. Agus bhí béim iontach ar an tsamhlaíocht insa cheardscoil. Ní shamhlófá ceardscoil le cúrsaí acadúil nó leis an tsamhlaíocht, mar bhí an bhéim insna scoltacha sin ar hmm, adhmadóireacht agus miotalóireacht agus ábhar praiticiúil, ach bhí an scoil bheag seo a ndeachaigh mé á, ann, iontach ar fad. An chéad lá ar an scoil sin, d'athraigh sé mo shaol ar fad. Tháinig múinteoir óg, múinteoir an Bhéarla, isteach 'na ranga. Léigh sé sleachta amach as saothar éigin i mBéarla agus, ansin, d'amharc sé thart ar an rang agus dúirt sé, "What do you think of that?" Níor cuireadh an cheist sin ariamh orm, á, ar an bhunscoil. Cad é a shíleann tú de sin? Agus ba é an rud a bhí ar siúl ag an mhúinteoir áirithe seo—Tomás Breathnach is ainm dó—ba é an rud a bhí ar siúl aige ná cineál *therapy sessions*. Á, thug sé muinín dúinn ar fad seasamh ar ár gcosa agus ár n-aghaidh a thabhairt ar an tsaol, go dearfach. Agus sin ceacht a chuaigh i bhfeidhm ormsa agus a thug féinmhuinín domh, agus a thug féinmhuinín do na mic léinn eile a bhí ag freastal liom. Ba ghnách linn drámaí a dhéanamh, agus díospóireachtaí agus achan chineál rud mar sin, ar an cheardscoil.

Segment 3

01:00:45

Watch Interview 3, in which Tomás Ó Ruairc describes the rise of Gaelscoileanna, or Irish-medium schools. Then go on to the notes and activities below.

Saibhriú focal

Below are some sentences from the interview, along with English translations. Complete the sentences by writing the correct preposition in each gap.

1. They were not fluent in the language.
   Ní raibh an teanga _____ a dtoil _____ .
2. Education through the medium of Irish.
   Oideachas _____ mheán na Gaeilge.
3. To put so much effort into this project.
   An oiread dua a chaitheamh _____ an bhfiontar seo.
4. So that they will be able to help the children.
   Le go mbeidh _____ a gcumas cabhrú _____ na gasúir.

Ó Ghaeltacht go Gaeltacht

A. You may have noticed how Tomás pronounces *acu*, the third person plural of the preposition *ag*. Tomás says the word as if it were written *acab*. This is a feature of the Irish of Conamara, where Tomás learned Irish.

B. Tomás uses a few words you may not have heard before or may know in a more standard form:

Tré = trí
Cruinníochaí. This is a variant plural of the word *cruinniú*. The standard plural is *cruinnithe*.
Bíodar = bíonn siad

Cultúr

A. *Riverdance* is a spin-off from a short dance sequence staged during an intermission in the 1994 Eurovision Song Contest. It mixed traditional Irish dancing with elements of American tap dance and Spanish flamenco. Public reaction exceeded all expectations and the main performer, Irish-American Michael Flatley, became an overnight star. A full-length show was developed, which continues to play to full houses from New York to Beijing. With its easy borrowing from other dance and musical traditions, *Riverdance* has been hailed as symbolic of Ireland's newfound cultural confidence. Its commercial and critical success is seen as proof of the worth and attractiveness of Irish culture.

B. *An Tíogar Ceilteach* (Celtic Tiger) is a nickname for Ireland coined during the unprecedented economic boom of the 1990s, which saw Ireland transformed from one of the poorest nations in Europe to one of the richest.

INTERVIEW 3 **Tomás Ó Ruairc describes the rise of Gaelscoileanna, or Irish-medium schools.** ◆ Agus nuair, nuair a phléasc *Riverdance* amach ar an . . . ar an ardán cultúrtha, agus nuair a phléasc an Tíogar Ceilteach amach ar an ardán eacnamúil, abair, hmm, thosaigh daoine ag rá, *you know*, "Tá, tá teanga, tá cultúr anseo." Go háirid *Riverdance* agus an rud cultúrtha. Agus ainneoin nach raibh an teanga ar a dtoil fhéin acu, sin an rud is, is dochreidte faoi dáiríre—á, bhíodar ag iarraidh go bhfaigheadh a ngasúir fhéin oideachas tré mheán na Gaeilge. Agus ní amháin sin—ach go minic is [in] ainneoin thoil an stáit gur, gur éirigh leo na scoileanna seo a bhunú.

You know . . . ó bheith ag caint le príomhoide na scoile ag a mbeidh Aisling ag dul, le cúnamh Dé. Bhí . . . is tuismitheoirí is mó a bhun . . . a bhunaigh agus a bhunaíonns i gcónaí, Gaelscoileanna, agus íocann siad airgead as a bpócaí fhéin chun é sin a dhéanamh. Agus bhíonn cruinníochaí acu go deireadh na hoíche go minic sa tseachtain agus bíodar ag scríobh litreachaí agus aighneachtaí chuig an Roinn Oideachais agus ní i gcónaí a fhaigheann siad freagra sciobtha nó tada den chineál sin. Mar sin, cuireann siad ana-chuid dua pearsanta dá gcuid fhéin isteach san obair seo. Á, lena, lena chinntiú go mbeidh deis ag a ngasúir fhéin nach raibh acu fhéin. Agus tá siad *just* dochreidte, an chaoi nach bhfuil, b'fhéidir, Gaeilge líofa acu fhéin agus tádar ag iarraidh an oiread dua a chaitheamh leis an bhfiontar seo. Agus ansin, agus ar ndóigh, is éard a tharlaíonns go minic ná nuair a bhunaítear an scoil agus atá na gasúir ag dul don scoil, lorgaíonn siad, á, ranganna Gaeilge dhóibh fhéin san oíche, le go mbeidh ar a gcumas cabhrú leis na gasúir sa mbaile ó thaobh obair bhaile dhe agus rudaí den chineál sin. Mar sin, is tuar dóchais iontach, ach dochreidte ag an am céanna, fás na nGaelscoileanna sa tír seo, dar liom fhéin.

Segment 4

01:02:21

Watch Interview 4, in which Áine Nic Niallais describes her plans for further study. Then go on to the notes and activities below.

Saibhriú focal

Match the English phrases in the left-hand column with the correct Irish phrase in the right-hand column.

1. *leanúint ar aghaidh le rud éigin*
2. *rud éigin a chur chun cinn*
3. *rud éigin a bhaint amach*
4. *rud éigin a chaomhnú*
5. *tabhairt faoi rud éigin*

_____ a. to achieve something
_____ b. to preserve something
_____ c. to attempt something
_____ d. to continue with something
_____ e. to promote something

INTERVIEW 4 Áine Nic Niallais describes her plans for further study. ◆ Sílim nach mbíonn deireadh leis an oideachas go deo, pé cineál oideachais a bhíonn i gceist ag an duine—tá neart le foghlaim. Ach, hmm, ba mhaith liom fhéin tabhairt faoi dhochtúireacht, is dócha an seimeastar seo ag teacht. Á, chríochnaigh mé an mháistreacht ansin cúpla bliain ó shin, ach, á, ba mhaith liom leanúint ar aghaidh agus dochtúireacht a bhaint amach.

Agus cén, cén t-ábhar?

Á, ádhúil go leor, canúint Uladh. Tá suim agam i gcanúint Uladh agus ba mhaith liom tuilleadh taighde a dhéanamh air sin. Sílim, b'fhéidir, nach bhfuil mórán daoine óga eile sa cheantar a bhfuil spéis acu sa chanúint agus an chanúint a chaomhnú agus a chur chun cinn. Sílim go bhfuil sé sin tábhachtach, mar anseo i gConamara, tá an-chuid taighde agus oibre á dhéanamh ar an chanúint anseo i gConamara agus tá sé sin le feiceáil, mar a déarfá.

AONAD 12

An timpeallacht
The environment

Segment 1 01:03:28

Watch Interview 1, in which Donncha Ó Cróinín gives his views on how "green" the Irish really are. Then go on to the notes and activities below.

Saibhriú focal

The prefix *ath-* in *athchúrsáil* (recycling) corresponds to English *re-*. Using words beginning with *ath-*, can you suggest alternatives for the underlined words in the sentences below?

1. *Feicfidh mé thú **sa bhliain úr**.* _____
2. *Tá súil agam nach dtarlóidh sin **arís**.* _____
3. *Beidh orainn an dinnéar a chur **siar go lá éigin eile**.* _____

Feasacht teanga

Our interviewees have used two different words, *timpeallacht* and *comhshaol*, for the environment. Sometimes a number of terms can emerge to describe the same thing, especially in quickly changing areas such as technology. In the 1980s, for example, there were many Irish names for the Internet. The Irish language development body Foras na Gaeilge has a

Terminology Committee (*An Coiste Téarmaíochta*) that coins new terms and suggests an authoritative term where there are a number of terms in use. *An tIdirlíon* became the standard Irish term for "the Internet" and *an Gréasán Domhanda* for "the World Wide Web."

INTERVIEW 1 **Donncha Ó Cróinín gives his views on how "green" the Irish really are.** ◆ Tá, tá an-dul chun cinn déanta ag an tír seo le cúpla bliain anuas agus, á, cloisimid na staitisticí ar fad faoi Éire agus faoin gcomhshaol agus daoine ag rá go bhfuilimid chun tosaigh i réimsí áirithe agus muid, á, ag athchúrsáil. Ach is léir nach bhfuil an meon nó an dearcadh céanna ag an nglúin agamsa is atá ag daoine den aois chéanna i dtíortha eile na hEorpa, mar shampla. Á, níl na cleachtais ann, níl na nósanna imeachta ann, á, le, mar shampla, le páipéar a shábháil, le hathchúrsáil a dhéanamh i gceart. Á, le rudaí ar nós na páipéirí ina mbíonn bia, á, ceangailte agus mar sin de, á, iad sin a shábháil, iad sin a úsáid arís. Níl na nósanna sin ann sa tír seo. Is dóigh liom go bhfuil—ag an nglúin óg—is dóigh liom go bhfuil i bhfad níos mó taithí acu agus is dócha go bhfuil i bhfad níos mó oiliúna acu ar na nithe seo agus, b'fhéidir, i gceann deich mbliana, cúig bliana déag, go mbeidh an scéal i bhfad níos fhearr. Ach ó thaobh, á, ó thaobh an chomhshaoil de go ginearálta, níl muintir na hÉireann chomh maith le, le pobal na hEorpa.

Segment 2 01:04:43

Watch Interview 2, in which Helen Ó Murchú describes her own efforts to be environmentally friendly. Then go on to the notes and activities below.

Saibhriú focal

Watch the interview and listen out for Irish words and phrases that have the same meaning as the following:

1. knick-knacks
2. from one year to the next
3. one can go overboard with that type of thing
4. you have to be sensible

An teanga

A. Helen is talking about *an méid a dhéanann sí **ar son** na timpeallachta*, which translates as "what she does for the sake of the environment." Because *ar son* is a two-part compound it places the following noun in the genitive case, and so *an timpeallacht* becomes *na timpeallachta*. Certain words, however, cannot be placed in the genitive, including words such as *seo* agus *sin* and personal pronouns like *mé, tú, sé, sí*, etc. If one wants to say "on my behalf" it would be wrong to say *ar son mé*. Instead, Irish uses the possessive adjectives, the words for mine, yours, his or hers, etc. That's why Helen says *ar mo shon* or *ar mo shonsa* for emphasis. Try to translate the following sentences using the possessive adjectives. Always remember the effect they have on the first letter of following nouns.

For example:
I did it for **your** sake. (*ar son*)   *Rinne mé ar do shonsa é.*

1. I ran after them. (*i ndiaidh*)
2. He said it in our presence. (*i láthair*)
3. It's there in front of you. (*os comhair*)
4. A letter came for him. (*fá choinne*)
5. Úna is looking for her. (*ar lorg*)

B. Notice that the word *dara* prefixes *h* to *úsáid*: *an dara húsáid* (a second use or reuse). Although this initial change involves the letter *h* it is not to be confused with lenition, or *séimhiú*. It only ever happens when the second word begins with a vowel. In older books, published before written Irish was standardized, you'll often see these words spelled with a hyphen (e.g. *an dara h-úsáid*). This is incorrect in current usage.

The sentences below contain many instances where *h* should be prefixed. Correct the sentences and compile a list of the words that prefix *h* to following words.

1. I'd like to go to Scotland, with Úna, maybe.
   Ba mhaith liom dul go Albain, le Úna, b'fhéidir.
2. Don't drink too much. You'll be drunk by the end of the night.
   Ná ól an iomarca. Beidh tú ar meisce faoi dheireadh na oíche.
3. Ciara spends the holidays with her aunt and uncle in Ennis.
   Caitheann Ciara na laethanta saoire lena aintín agus lena uncail in Inis.
4. This dictionary isn't so useful.
   Níl an foclóir seo chomh úsáideach sin ar fad.
5. Muiris and Eoin came in third place and fifth place in the race.
   Tháinig Muiris agus Eoin sa tríú áit agus sa chúigiú áit sa rás.
6. Don't go off to Armagh with Éamann while the weather is so bad.
   Ná imigh go Ard Mhacha le Éamann agus an aimsir chomh olc agus atá.

INTERVIEW 2 **Helen Ó Murchú describes her own efforts to be environmentally friendly.** ◆ Ach, á, mar a deirim, d'fhásas suas mar sin agus dá bhrí sin, is fuath liom aon rud a vástáil. Agus, á, bím ag iarraidh é sin a chinntiú agus go mbainfear an dara húsáid as gach rud. Mar sin, tá an tigh lán de pháipéir agus, á, na giuirléidí Nollag agus a leithéid—coimeádtar iad, á, ó bhliain go chéile. Nuair a bhíonn na páistí ag rá liom, "In ainm Dé, faigh cinn nua," agus bím ag rá, "Ó tá stair leis sin," agus mar sin. *So* is féidir dul thar fóir lena leithéid sin. Ach sin an chéad rud. An dara rud ansan—glacaim an-dáiríre leis an ngnó atá le déanamh le rudaí a shórtáil, agus gan cairtchlár agus cannaí agus gloine agus gach aon rud den chineál sin. Bím anachoinsiasach mar gheall air sin chomh maith. Ina dhiaidh sin, tá carr agam. *I mean,* is gá é sin a rá agus, á, braithim go bhfuil an carr ag teastáil. B'fhéidir nach bhfuil, ach braithimse go bhfuil, pé scéal é. *So,* ní bheinn ag déanamh an méid is mó is féidir liom, b'fhéidir, á, ón taobh sin de.

Cad eile is féidir liom a dhéanamh? Á, coimeádaim gairdín chomh maith agus is féidir agus bíonn rudaí beaga ag fás ann, cosúil le biabhóg agus a leithéid sin. Ar an taobh eile, caithfidh tú a bheith ciallmhar. D'fhéadfá, á, do shaol a chaitheamh ag fás na rudaí sin agus a bheith ag baint postanna de dhaoine eile atá á dhéanamh i dTuaisceart Bhaile Átha Cliath anseo ar mo shonsa agus gur féidir liom dul amach agus iad a cheannach.

Segment 3   01:06:29

Watch Interview 3, in which Tomás Ó Ruairc describes the things he does to protect the environment. Then go on to the notes and activities below.

Saibhriú focal

Watch the interview and listen out for Irish words and phrases that have the same meaning as the following:

1. They make it easy enough.

2. The little hints you hear all the time.

3. I upset my colleagues.

4. To make sure that paper isn't wasted.

5. It would take me twice as long.

6. To reach my destination.

An teanga

Tomás uses a number of compound words during his interview. They include the words for "colleague," "photocopying," "cardboard," "two-sided" and "center." Construct the compound words by matching the elements below. Remember that some prefixes might cause lenition (*séimhiú*).

Prefix	Noun	Compound word
Dé	cóipeáil	
Comh	ionad	
Cairt	taobhach	
Fóta	gleacaí	
Lár	clár	

Ó Ghaeltacht go Gaeltacht

A. Tomás uses a few words you may not have heard before or may know in a more standard form:

Amantaí. This is a variant plural of *am*. *Amanna* is the standard plural.
Feileann sé dom. This verb is very common in Conamara. The phrase has the same meaning as *oireann sé dom.*
Piocadar = piocann siad
Tagadar = tagann siad

B. Like many speakers of Connacht or Munster Irish, Tomás pronounces the word *bruscar* as if it were written *brúscar*.

An teanga

Nouns that follow numerals like *dhá*, *trí* and so on usually remain in the singular, for example, *ceithre rang, cúig mhí*, etc. There is, however, a handful of nouns that have a distinct plural form after numerals. Below are examples of the most important of these.

Singular	Plural after numerals
Ceann	Cá mhéad suíochán a theastaíonn? Trí **cinn** nó ceithre **cinn**?
Bliain	Tá Eoin cúig **bliana** déag d'aois.
Cloigeann	Ní raibh ach trí **cloigne** déag ag an chruinniú (i.e. 13 duine).
Seachtain	Bíonn sé **seachtaine** de laethanta saoire agam in aghaidh na bliana.
Uair	Ghlaoigh mé trí **huaire** ar an teach.

INTERVIEW 3   **Tomás Ó Ruairc describes the things he does to protect the environment.** ◆ Déanaim, déanaim an oiread agus is féidir liom. Tá, tá an t-ádh linn arís, an Chomhairle áitiúil, an Chomhairle phoiblí áitiúil. Tá seirbhís acu agus tá bosca mór—tá bosca bruscair liath agus bosca bruscair glas ann. Agus an bosca bruscair glas—déanann siad sách éasca é ar bhealach, mar ní gá dhuit na hábhair éagsúla a scagadh óna chéile. Tá tú in ann cairtchlár, buidéil phlaisteacha, páipéar, irisí, rudaí den chineál sin a chaitheamh isteach *just*, cineál, anuas ar a chéile, fadhb ar bith. Agus ansin cuireann tú isteach . . . an bosca bruscair sin amach uair sa mí, uair gach ceithre seachtaine, ar an meán, agus piocadar suas é . . . Sin bealach amháin. Gabh mo leithscéal—buidéil phlaisteacha, ní féidir iad sin a chur isteach sa mbosca bruscair sin, *so* caithfimidne iad sin a chur isteach, dul chuig áit éicint, tá, cineál, cúpla lárionad ag an gComhairle, gar don ionad siopadóireachta áitiúil, abair, nó buailte ar pháirc pheile. Agus tá, tá tú in ann do bhuidéil phlaisteach' a chur ansin, buidéil ghloine chomh maith agus . . . sin an dá rud. Níl tú in ann iad sin a chur isteach sa mbosca bruscair glas.

Á, céard eile a dhéanaim? Na nodanna beaga a chloiseann tú i gcónaí ar na meáin. Abair, déan cinnte go múchann tú an teilifís, nach bhfuil sé ar *standby* fiú san oíche. *You know,* múchaim an teilifís gach oíche agus, á, cuirim, cuirim olc ar mo chomhghleacaithe anseo san oifig. Chomh luath is a fháganns chuile dhuine an oifig, múchaim an solas. Agus, nuair a thagadar ar ais, má tá an solas múctha, "Ó bhí Tomás anseo, mar mhúch sé an solas!"

Mar sin, rudaí beaga, rudaí beaga mar sin. Agus chomh maith leis sin, ar nós na meithle oibre anseo, déanaim cinnte i gcónaí go ndéanaim cóipeanna déthaobhacha nuair atá mé ag déanamh fótachóipeála, á, lena chinntiú nach gcuirtear páipéar amú. Á, mar sin, rudaí beaga mar sin. Agus ar ndóigh, hmm, ar go leor cúiseanna, ach cúrsaí, cúinsí, á, timpeallachta ina measc, á, fágaim an carr sa mbaile. Go háirid, nuair a bhínn ag obair ar an taobh eile den chathair, amantaí bheadh orm an carr a thabhairt liom, dá mbeinn ag iompar beart de scripteanna le ceartú nó rudaí den chineál sin, na tionscadail le ceartú. Ach anois, agus mé ag obair i lár na cathrach, tógaim an bus i gcónaí agus ní thógaim an carr dáiríre, ach amháin má tá mé ag dul síos fán dtír. Agus, á, *you know*, go bhfuil brú ama orm agus nach, nach bhfeileann clár ama na mbusanna dom. Á, mar sin, cúrsaí timpeall . . . cineál ar chúinsí timpeallachta agus chomh maith leis sin, ar mhaithe le . . . nach fiú dhom an carr a thabhairt isteach go lár na cathrach mar thógfadh sé a dhá oiread ama orm mo cheann scríbe a bhaint amach dá mbeinn ag iarraidh an carr a thabhairt liom.

AONAD 13

An Ghaeltacht
The Gaeltacht

Segment 1　　　　　　　　　　　　　　　　　　　　　　　　00:00:10

Watch Interview 1. We asked Muiris Ó Laoire if Irish could survive without the Gaeltacht. Then go on to the notes and activities below.

Saibhriú focal

Irish speakers have traditionally placed great store in what is called *deisbhéalaí*, that is, wit and fluency of speech. Proverbs are known as *seanfhocail* and idiomatic phrases are known as *cora cainte* (twists of speech). Can you make out the sense of the following *seanfhocail* and *cora cainte*, which contain words from Muiris' interview? Are there any sayings in English that correspond to them?

Misneach	*Níor chaill fear an mhisnigh riamh.*
Láidir	*An té nach bhfuil láidir ní foláir dó a bheith glic.*
Pobal	*Ná cuir thú féin i mbéal an phobail.*
Gaeilge (Gaelainn)	*Is fearr Gaeilge bhriste ná Béarla cliste.*
Teanga	*Bhí a theanga ina leathphluc aige.*

The Daltaí na Gaeilge website has an excellent Proverb Archive containing some of the above: www.daltai.com/daltai.htm.

103

Ó Ghaeltacht go Gaeltacht

Muiris uses a few words you may not have heard before or may know in a more standard form:

Dearúd = dearmad
Táid = tá siad

An teanga

A. Muiris says *Tá an Ghaeltacht ann, agus tá sí so-aitheanta mar áit*, which translates as "the Gaeltacht exists and it is recognizable as a place." As well as using *so-aitheanta* he could have said *Is féidir í a aithint mar áit*. It's another occasion when one has a choice of structures to use. The prefix *so-* can also mean "easy to" or "good." Its opposite is *do-*.

Rewrite the sentences below according to the example.

Example
Tá an bhochtaineacht le feiceáil sa tír go fóill.
*Tá an bhochtaineacht **sofheicthe** sa tír go fóill.*

1. *Is deacair seo a chreidiúint.* Tá sé seo _____.
2. *Bhí sé an-éasca an leabhar a léamh.* Leabhar _____ a bhí ann.
3. *Ní féidir an ceacht seo a dhéanamh.* Tá an ceacht seo _____.
4. *Is furasta a cuid cainte a thuiscint.* Is cainteoir _____ í.

B. The prefixes *so-* and *do-* are opposites, one having good connotations and the other bad. Irish has a kind of dichotomy of positive words beginning with *s-* and negative words beginning with *d-*. Think of *saor* and *daor* for example. Try to fill in the gaps in the table, but make sure that you know the meaning of all the words.

Positive	Negative
Saor	Daor
Sona	
	Dochar

Saibhir	
	Doiléir
Soineann	
	Dólás

INTERVIEW 1 **We asked Muiris Ó Laoire if Irish could survive without the Gaeltacht.** ◆ Ní mhairfidh. Á, ní móide go mairfidh pobal teanga ar bith gan, abair, an teanga dúchais a bheith ansan á labhairt in áit, abair, lárnach, mar athá fé láthair sna Gaeltachtaí, nó i gcuid des na Gaeltachtaí. Níl mé ag rá ansan go bhfuil an Ghaelainn chomh, chomh láidir agus chomh maith, chomh forleathan agus a d'fhéadfadh sí a bheith sna Gaeltachtaí. Ach, ar a laghad, tá an Ghaeltacht ann, agus tá sí so-aitheanta mar áit. Agus tugann sé sin cineál misneach don phobal teanga lasmuigh den Ghaeltacht. Anois tá na pobail teanga so lasmuigh den Ghaeltacht chomh maith agus tá ana-thábhacht ag baint leo siúd. Á, ach bíonn siad, go pointe áirithe, go dtí seo pé scéal é, tá siad ag brath, go stairiúil, ar an nGaeltacht. Agus tá sé sin suimiúil. Agus tá na pobail chomh maith lasmuigh den tír so, agus déanaimid dearúd go minic orthu siúd, an pobal abair i Meiriceá, i gCeanada. Táid ann, táid ana-bheag, ana-scáinte, ana-scaipthe mar a déarfá ach táid ann agus bíonn siad siúd ag brath ar an nGaeltacht. Agus fiú, is múinteoir Gaelainn' mise agus bím i gcónaí ag rá, ag iarraidh, abair, foghlaimeoirí a ullmhú do pháirt a ghlacadh, á, i saol na Gaelainne. Luann tú an Ghaeltacht, an pobal Gaelainne, nuair atá an teanga feiceálach, mar a déarfá, nuair a fhéadfá do ghnó a dhéanamh, á, go hinchreidte, mar a déarfá, trí mheán na Gaelainn'.

Segment 2

01:10:48

Watch Interview 2, in which Cathal Ó Searcaigh describes some communication problems between learners and native speakers. Then go on to the notes and activities below.

Ó Ghaeltacht go Gaeltacht

Cathal uses a few words you may not have heard before or may know in a more standard form:

Cisteanach = *cistin*
Focla. This is a variant plural of *focal. Focail* is the standard plural.
Tuigbheáil = *tuiscint*

Feasacht teanga

Gaeilge Mhaide na Leabhar could be translated as "wooden Irish learned from books." Gaeltacht people are generally supportive of learners, and generous in their praise, but there are some tensions. Learners tend to be more ideologically driven, more concerned about strict grammatical correctness and reluctant to use English loanwords through their Irish. Some overenthusiastic learners can seem fanatical to native speakers, especially if they begin to "correct" or criticize the locals. The word *Gaeilgeoir* is defined in dictionaries as simply meaning an Irish-speaker, but it can have negative connotations of crankiness and, ironically, of speaking Irish badly.

An teanga

Cathal draws attention to the etymology of the modern term *cuisneoir*, which comes from the word *cuisne* (frost). The study of word origins is known in Irish as *sanasaíocht*. Below we describe the origins of three common words in Irish. One of them is false. Which one?

1. *Bleachtaire* (detective)
   Comes from the word *bleacht*, which means "milk." A *bleachtaire* is one who milks people for information.

2. *Taidhleoir* (diplomat)
   Comes from the word *tadhall*, which means "contact" or "touch." A *taidhleoir* is one who makes contact, shakes hands, etc.
3. *Tánaiste* (deputy prime minister)
   The *tánaiste* was a deputy that Gaelic chieftains sent on cattle raids (*táin*) instead of going into danger themselves.

INTERVIEW 2 Cathal Ó Searcaigh describes some communication problems between learners and native speakers. ◆ Bhuel, go leor de na Gaeilgeoirí a thagadh chugainne san am a chuaigh thart bhí siad, á, chomh ceartchreidmheach faoin teanga. Á, "Gaeilig Mhaide na Leabhar"—chuala mé sin go minic. Á, sin an rud a deireadh, á, muintir na háite. Is cuimhneach liom duine inteacht ag úsáid an focal "cuisneoir," á, uair amháin go dtáinig siad isteach ar cuairt againn. Á, agus dúirt an fear seo, "Á, ní fheicim cuisneoir ar bith insa chisteanach agaibh." Agus bhí iontas ar m'athair cad é an cineál gléas a bhí ansin. Ní raibh a fhios aige, á, go dtí gur mhínigh mé dó gur *fridge* a bhí i gceist—rud nach raibh againn.

Á, dar ndóighe, is maith liomsa an focal "cuisneoir" anois. Á, is maith liom an . . . leathnú amach a dhéantar ar fhocla mar sin, go mbaintear úsáid as "cuisne"—focal a bhaineann le siocán—agus go ndéantar an leathnú sin. Is dóigh liom fhéin gur focal maith atá ann. Á, ach muintir na háite, níl, dar ndóighe, tuigbheáil ar bith acu ar na focla sin a cumadh.

Segment 3   01:12:01

Watch Interview 3, in which Aoife Ní Chonchúir explains why she encourages learners of Irish to visit the Gaeltacht. Then go on to the notes and activities below.

Saibhriú focal

A. Aoife uses the phrase *Níl inti ach teanga*, which translates as "It's only a language." When using this structure remember that *inti* could change to *ann* or *ionam,* etc., depending on gender, person and number.

B. The word *díreach* can also be used to say "just" or "only." See the examples from the interviews:

- *Bhíos díreach fillte ó Mheiriceá.* (I'd just gotten back from America.)
- *Tá siad díreach ag dul go dtí an siopa.* (They are just going to the shop.)

C. Another useful phrase from the interview is *ar mhaithe le*, which translates as "for the sake of" or "for the good of." Translate the following sentences below using the structures described above:

1. We're still only learners.

2. I did it for **your** own good!

3. She's only been working here for a week.

4. I don't do it for the money.

INTERVIEW 3 **Aoife Ní Chonchúir explains why she encourages learners of Irish to visit the Gaeltacht.** ◆ Molaim do dhaoine dul go dtí an Ghaeltacht, cé go bhfuil an Ghaelainn ana-bheo anso sa chathair, agus deir daoine go bhfuil níos mó cainteoirí Gaelainne anois sa chathair ná mar atá sna Gaeltachtaí. Níl a fhios agam an bhfuil sé sin fíor nó ná fuil, ach is dóigh liom gur maith an rud é dul go dtí an Ghaeltacht chomh maith, mar feiceann an foghlaimeoir ansan, hmm, daoine ag labhairt na teanga gan a bheith, saghas, ag smaoineamh air, nó gan a bheith ag cuimhneamh, ó, *you know,* "Thá mé a dhéanamh so ar mhaithe le cultúr nó ar mhaithe leis an dtír nó ar mhaithe le haon rud eile." Thá siad díreach, hmm, ag dul go dtí an siopa nó thá siad, hmm, ag cur na leanaí ar scoil nó ag déanamh gnáthrudaí laethúla mar sin, agus is trí mheán na Gaeilge athá siad á dhéanamh. Agus tá sé go maith na rudaí sin a thuiscint.

Agus an dtugann sé uchtach d'fhoghlaimeoirí nuair a théann siad chun na Gaeltachta agus nuair a fheiceann siad gur teanga bheo atá inti?

Gan dabht, tugann. Gan dabht, agus chíonn siad gur teanga í agus, ag deireadh an lae, cé go bhfuil an Ghaeilge ana-thábhachtach ar fad, agus gur cuid dár gcultúr í, níl, níl inti ach teanga ag deireadh an lae agus tá sé ana-thábhachtach é sin a thuiscint—go bhfuil daoine sna Gaeltachtaí, b'fhéidir, nach bhfuil suim acu, hmm, sna rudaí sin ar fad gur cheart go mbeadh suim, go gceapann daoine eile gur cheart go mbeadh suim acu iontu, ar nós polaitíocht' ar leith, nó cultúr ar leith nó ceol ar leith. Ach go bhfuil daoine ansan ag maireachtaint i saol trí mheán na Gaelainne gan smaoineamh air, agus gur rud ana-nádúrtha é dóibh. *So*, tá sé sin tábhachtach.

Segment 4   01:13:19

Watch Interview 4, in which Dara Ó Cinnéide explains the role of the Irish language radio station, RTÉ Raidió na Gaeltachta. Then go on to the notes and activities below.

Saibhriú focal

Watch the interview and listen out for Irish words and phrases that have the same meaning as the following:

1. to cater to a demand
2. through the medium of English
3. on a daily basis
4. to provide them with entertainment

An teanga

The relative clause in Irish is marked by words such as *a, ar, nach,* and *nár,* which fulfill the same function as "who," "what," "that," "whom," etc., in English. Here are some examples from the interviews:

*Sráidbhaile **a** bhfuil cáil air ó thaobh na turasóireachta de.*	A village **which** is famous from a tourism perspective.
*An sásamh **a** thugann sí dúinn.*	The satisfaction (**that**) she gives us.
*An dream **a** d'imigh an t-am sin.*	The people **who** left at that time.
*Bhí cuid acu **nach** raibh in ann scríobh abhaile.*	There were some **who** were not able to write home.
*Agus sin ceacht **a** chuaigh i bhfeidhm ormsa.*	And that's a lesson **which** made a big impression upon me.

Ó Ghaeltacht go Gaeltacht

An interesting feature of Munster Irish is that speakers do not always distinguish between the relative clause and indirect speech. Here are some examples from the interviews:

Munster Irish	Standard forms
*Trí mhórchanúint **go** bhfreastalaíonn siad orthu.*	*Trí mhórchanúint **a** bhfreastalaíonn siad orthu.*
*Na daoine **go** mbíonn tú cairdiúil leo.*	*Na daoine **a** mbíonn tú cairdiúil leo.*
*Páirceanna **go** bhfuil an-chóir curtha orthu.*	*Páirceanna **a** bhfuil an-chóir curtha orthu.*

Cultúr

Comórtas Peile na Gaeltachta is a Gaelic football tournament featuring clubs from Gaeltacht areas of Donegal, Galway, Mayo, Waterford, Meath, Cork and Kerry. The games involving neighboring clubs are among the most hotly contested.

INTERVIEW 4 **Dara Ó Cinnéide explains the role of the Irish language radio station, RTÉ Raidió na Gaeltachta.** ◆ Stáisiún Raidió na Gaeltachta—bunaíodh é i naoi gcéad seachtó a dó chun freastal ar éileamh a bhí aige pobal na Gaeltachta go mbeadh seirbhís raidió trí mheán na Gaelainne ar fáil dóibh. Go dtí san, ní raibh ann ach seirbhís raidió trí mheán an Bhéarla. Tá, is dócha, d'fhéadfá a rá, trí mhórchanúint go bhfreastalaíonn siad orthu. Ar dtúis, Dún na nGall, canúint Thír Chonaill, fé mar a déarfá, canúint na Gaillimhe agus canúint Chúige Mumhan anso. Táimidne anso i Raidió na Gaeltachta i gCiarraí ag freastal ar mhuintir na Rinne, ar phobal Oileán Chléire, ar phobal Gaeltachta Mhúscraí agus ar phobal Chorca Dhuibhne agus an Ghaeltacht ó dheas ansan in Uíbh Ráthach chomh maith.

Bhuel is dóigh liom go gcuireann sé seirbhís ar fáil dóibh, cuireann sé eolas ar fáil dóibh ar an méid atá ag tarlú ina, ina ndúthaigh fhéin agus cuireann . . . agus go gcabhraíonn sé leo chomh maith aithne a chur ar mhuintir na Gaeltachta ar fud na tíre. Tá Comórtas Peile na Gaeltachta ann dó san, gan dabht, agus tá comórtas Oireachtas . . . Oireachtas Náisiúnta na Gaeilge chomh maith ann, ach tá Raidió na Gaeltachta ann ar bhonn laethúil, chun nuacht a chur ar fáil dóibh, chun ceol a chur ar fáil dóibh, chun spórt agus siamsaíocht a chur ar fáil dóibh ar bhonn Gaelainne agus trí mheán na Gaelainne.

AONAD 14

Saol na mban
Women

Segment 1 01:14:45

Watch Interview 1. We asked Úna Nic Gabhann if women have achieved parity with men in the world of work. Then go on to the notes and activities below.

An teanga

A. In Aonad 9, Segment 5, we explained how verbal nouns like *ag déanamh, ag léamh*, etc., have the effect of placing following nouns in the genitive case—for example, *ag déanamh staidéir, ag léamh páipéir*. You may have been surprised to hear Úna say *ag déanamh iarracht iontach mór*. Shouldn't *iarracht* be in the genitive case after the verbal noun? The same question can be asked in each of the examples below:

Noun	with verbal noun	with verbal noun + adjective
leabhar	*ag léamh leabhair*	*ag léamh leabhar maith*
amhrán	*ag canadh amhráin*	*ag canadh amhrán fada*
dinnéar	*ag déanamh dinnéir*	*ag déanamh dinnéar deas*
árasán	*ag tógáil árasáin*	*ag tógáil árasán breá*

You've probably guessed that the nouns stay unchanged when they are accompanied by an adjective. Notice, however, that all the examples here are indefinite nouns, that is, "**a** good book," "**a** long song," etc. Things would change if the nouns were definite, that is, "**the** good book," "**the** long song," etc. In that case the nouns, and the adjectives, would be in the genitive case as is demonstrated below:

Verbal noun + article + adjective
ag léamh an leabhair mhaith
ag canadh an amhráin fhada
ag déanamh an dinnéir dheas
ag tógáil an árasáin bhreá

Practice by correcting any mistakes in the sentences below:

1. *Cén fáth a mbíonn tú ag tiomáint cairr mór millteanach mar sin?*
2. *Is mór an náire bheith ag cáineadh bean bhreá mar Eithne.*
3. *Scríobh sí alt ag moladh an Uachtarán nua.*
4. *Táthar ag tógáil bóthair nua thart ar an chósta.*
5. *An bhfuil tú fós ag scríobh an úrscéil mhóir sin?*
6. *Bhí sé i mBéal Feirste inné, ag ceannach árasáin deas i lár na cathrach ansin.*

B. Úna uses the phrase *go fóillín*, which is simply *go fóill* (yet) plus the diminutive suffix *-ín*. Like the suffix *-ette* in French, the diminutive has a number of uses:

1. to express smallness in height, amount, etc.

   ◆ *leanbhín* (a little or very young child)
   ◆ *an mhuicín sa lár* (the little piggy in the middle)
   ◆ *scéilín* (a little or short story)

2. to express the sense "rather" or "a little"

   ◆ *beagáinín leadránach* (rather boring)
   ◆ *ábhairín léitheoireachta* (a little reading)

3. in common expressions of affection

   ◆ *a stóirín* (little treasure)
   ◆ *a mhuirnín* (darling)

4. to form feminine versions of originally male names

   ◆ *Seosamh / Seosaimhín*
   ◆ *Pádraig / Pádraigín*
   ◆ *Pól / Póilín*

INTERVIEW 1 **We asked Úna Nic Gabhann if women have achieved parity with men in the world of work.** ◆ Ní dóigh liom é. Ní dóigh liom é. Hmm . . . sílim go bhfuil muid ag déanamh iarracht iontach mór agus tá, tháinig muid chun cinn an oiread sin le deich mbliana anuas. Ach go fóillín beag is cineál—go háirithe i saol, hmm, gnó na hÉireann, feictear, feictear domhsa, i ndáiríre, den chéad uair, uair, go mbíonn an, an chumhacht ag, ag na fir go fóill. Hmm, agus cineál . . . deirtear, ó más bean tú, faigheann tú céim rud beag chun tosaigh. "Ó cinnte," *you know*, "tar agus is féidir leat seo a dhéanamh agus siúd a dhéanamh." Ach i ndáiríre, nuair atá an cinneadh mór le déanamh faoi rud ar bith, is é, go minic, na fir a dhéanas an cinneadh sin ag deireadh.

I suppose, tá mé ag smaointiú air, fiú amháin, a bheith ag déileáil leis, leis an bhanc nó rud ar bith mar sin, *you know*? Bíonn tú ag déileáil leis na mná ag an tús agus, ansin, *you know*, má tá tú ag iarraidh dhul chun tosaigh ar chor ar bith, is é fear i gcónaí a chaitheas tú déileáil leis—leis an, *you know*, an rud deireanach a bhaint amach.

Segment 2   01:15:49

Watch Interview 2, in which Helen Ó Murchú discusses women's attitude to work and quality of life. Then go on to the notes and activities below.

An teanga

Irish spelling has changed greatly since the written language was standardized in the 1950s. One aspect of this is a more restricted use of the hyphen, or *fleiscín*. You may have already noticed how words with certain prefixes are always hyphenated, for example, with *an-* and *dea-*.

an-bhocht *dea-dhuine*
an-chuid *dea-mhéin*
an-mhaith *dea-shampla*
an-fhuar *dea-aimsir*

In Helen's interview *Ard-Mhéara* (Lord Mayor) is hyphenated because both elements begin with an uppercase letter. Referring to the examples below, can you provide some further rules governing the use of the hyphen?

1. *ró-óg, mí-ionraic, fo-éadaí, so-ite*

2. *gnáth-theaghlach, droch-chustaiméir, sean-nós, leath-thuiscint*

3. *an t-uisce, an t-airgead, an t-uachtarán, An tUachtarán*

4. *a n-árasán, ár n-uncail, ár n-athair, Ár nAthair*

Ó Ghaeltacht go Gaeltacht

As well as getting to grips with the genitive case, previous generations of learners of Irish had to deal with the dative case, a distinct form that followed prepositions such as *ar, le, do*, etc. The dative has largely disappeared from written Irish but can still be heard in the spoken language, as when Helen says *tamall de bhliantaibh*. The final word (*bliantaibh*) is a dative plural. The phrase would normally be *tamall de bhlianta*.

The dative singular form of the following nouns is still commonly used, both in spoken and written Irish.

Nominative singular	Dative singular
Bos	*Faoi **bhois** an chait* (under the cat's paw / bossed around)
Bróg	*Fear chomh maith agus a sheas i **mbróig*** (as good a man as ever lived, literally "who ever wore a shoe")
Cluas	*Isteach i **gcluais** agus amach as **cluais*** (in one ear and out the other)
Cos	*Ar do **chois*** (on foot / out and about)
Lámh	*Lámh ar **láimh*** (hand in hand)

The dative form of some nouns is "frozen" in certain familiar or established phrases, such as *ó chianaibh, faoi chois, in Éirinn*, etc. Use Ó Dónaill's *Foclóir Gaeilge-Béarla* to look up the nouns in the table above. You will find lots of examples showing how they are used.

Cultúr

Teach an Ard-Mhéara is known in English as "the Mansion House." Built in 1710, it became the official residence of the Lord Mayor of Dublin and is often used for conferences, receptions and so on.

INTERVIEW 2   **Helen Ó Murchú discusses women's attitude to work and quality of life.** ❖ *Now*, labhraítear ar "an tsíleáil ghloine" agus glacaim leis sin, cinnte. Ar an dtaobh eile, iarradh orm tamall de bhliantaibh ó shin hmm, cathaoirleacht a dhéanamh ar, á, ócáid i dTeach an Ard-Mhéara go raibh, hmm, dreamanna difriúla ag teacht isteach agus ag rá, cén fáth nach raibh na mná ag tógaint na bpostanna a bhí ar tairiscint dóibh insna comhlachtaí seo? Agus, hmm, cuireadh faoi bhráid píosa taighde a bhí déanta a bhí an-spéisiúil domhsa ag an am, mar bhíos ag cur na gceisteanna céanna orm féin. Agus insa chomhlacht ana-mhór seo gur deineadh an taighde leis na mná, cén fáth go raibh na deiseanna ann agus nach rabhadar ag glacadh leo, agus, á, fuarthas amach go raibh dearcadh ana-spéisiúil ag na mná. Is cáilíocht na beatha is spéisiúla agus is luachmhaire dóibh agus do sheasaíodar siar agus dúradar: "Ceart go leor. Má chuirim isteach ar an bpost sin anois beidh airgead níos mó agam, beidh oifig níos mó agam. Ar an dtaobh eile, beidh mé ag obair óna hocht go dtí a dó dhéag. Beidh freagrachtaí móra orm. Hmm, ní bheidh mé in ann mo chairde a fheiscint chomh minic. Agus tá mo shaol mar athá ana-shásúil dom. Faighim sásamh as mo chuid oibre. Faighim sásamh as mo shaol lasmuigh de chúrsaí oibre." *So*, mar a deirim, á, braithim go bhfuil fonadhaint nó spreagadh difriúil, á, insa dá ghnéas, á, maidir leis an rud is luachmhaire dóibh. *Now*, nílim ag rá go bhfuil sé chomh scun scan idirdhealaithe sin, hmm, ach go bhfuil eilimintí den dá rud—den fheidhmiúlacht ar thaobh amháin agus de bheith ag féachaint siar ar cháilíocht na beatha ar an dtaobh eile—i ngach éinne.

Segment 3   01:17:38

Watch Interview 3, in which Ciara Ní Shé describes the ups and downs of being a working mother in Ireland today. Then go on to the notes and activities below.

Saibhriú focal

Watch the interview and listen out for Irish words and phrases that have the same meaning as the following:

1. greatly improved
2. its main weakness
3. childminder
4. that will be very costly
5. a lack of proper facilities

Ó Ghaeltacht go Gaeltacht

A. You may have noticed that Ciara says *le fáilt* instead of *le fáil*. In all Gaeltacht areas, you'll often hear a *t* sound at the end of words whose final letter is *-l, -n* or *-s*. For example *tamall* is often pronounced *tamallt* and *arís* is often pronounced *aríst*. There is no need to include the *t* in writing. In fact, linguists have given it the unflattering title "parasitic *t*."

B. Notice also that Ciara pronounces *chugainn* as if it were written *chughainn*.

Saol na mban

INTERVIEW 3 **Ciara Ní Shé describes the ups and downs of being a working mother in Ireland today.** ◆ Bhuel, is dócha, bhí seans liomsa i mbliana, mar fuaireas ceithre seachtaine breise. Tá fiche a dó seachtaine saoire máithreachais ina bhfuil do phá iomlán le fáil agat. Agus, ansan, is féidir leat trí mhí breise gan pá a thógaint in airde air sin. Agus an bhliain seo chugainn ansan beidh ceithre seachtaine breise ag dul air. *So* d'fhéadfá bliain iomlán, saghas, a thógaint anois, teacht agus imeacht le pá agus gan pá. *So* tá sé feabhsaithe go mór, abair, seachas mar a bhí sé sna seachtóidí agus insna hochtóidí—ní raibh ann ach cúpla seachtain. Á, is dócha, b'fhéidir, an laige is mó athá leis ná, go háirithe anseo timpeall, tá sé deacair feighlí linbh a fháil—duine éigin a thabharfadh aire do leanbh duit. Sa Daingean anois tá saghas *crèche* nó ionad cúram leanaí ag oscailt, is dóigh liom i gceann cúpla mí. Ach is dócha arís, cosúil le rud eile, beidh costas mór air sin. Hmm, *so* b'fhéidir, beidh sé . . . níl aon tuairim againn cad a dhéanfaimid fós, abair, cá gcuirfimid Méabh nó cad a dhéanfaimid léi. Ach tá easpa áiseanna cearta ar fáil, saghas, chun aire a thabhairt do leanaí, go háirithe má théann tú thar n-ais ag obair.

AONAD 15

Scéalta
Stories

Segment 1   01:18:51

Watch Interview 1, in which Cathal Ó Searcaigh recalls an eventful car journey. Then go on to the notes and activities below.

Saibhriú focal

Which of the definitions below is the correct one in the context of Cathal's story?

1. *i mbarr mo chéille*
   - ○ alert, in full command of my senses
   - ○ panic-stricken, confused
   - ○ calm, unworried
2. *síob*
   - ○ a lift, a ride
   - ○ directions
   - ○ assistance
3. *claonta*
   - ○ prejudiced, biased
   - ○ sloping, inclined
   - ○ slippery
4. *chuir sin ar mo shúile dom*
   - ○ it frightened me
   - ○ it made me realize
   - ○ it put me off
5. *gruaimhín an bhealaigh mhóir*
   - ○ a service station
   - ○ a tollbooth
   - ○ side of the road

6. *cúl a choinneáil ar an charr*
   - ○ to put the car into reverse
   - ○ to stop the car from advancing
   - ○ to stop the car from falling apart
7. *coscáin*
   - ○ accelerator
   - ○ brakes
   - ○ gear stick

Ó Ghaeltacht go Gaeltacht

Cathal uses a few words you may not have heard before or may know in a more standard form:

Malaidh = mala
Fánaidh = fána
Thoisigh = thosaigh
Foscailte = oscailte

An teanga

A. *Ruaille buaille* translates as "commotion" or "ruckus." There are many of these rhyming and alliterative phrases in Irish. In Aonad 14, Segment 2, Helen Ó Murchú mentioned *scun scan*, which translates as "out and out," "totally."

Sometimes two alliterating words are placed together for emphasis, as in *lom láithreach* (immediately). Using the dictionary, find out the meaning of the following rhyming or alliterative phrases:

1. *tinn tuirseach*   _____
2. *briste brúite*   _____
3. *dubh dóite*   _____
4. *fite fuaite le*   _____
5. *cogar mogar*   _____
6. *mugadh magadh*   _____
7. *dúrtam dártam*   _____
8. *rup rap*   _____

B. You may have noticed that Cathal says *leoraí mhór*. *Leoraí* is in fact a masculine noun and there is no need for the lenition of the following adjective. It's easy to see what was in Cathal's mind, however. Although the words for vehicles and boats tend to be masculine, for example, *carr*, *gluaisteán, bád, soitheach,* etc., they often take a feminine pronoun—*Is deas an bád í* or *Carr nua atá inti.*

INTERVIEW 1 **Cathal Ó Searcaigh recalls an eventful car journey.** ◆ Á, ach is cuimhneach liom, b'fhéidir, ó traidhfil maith blianta ó shin, mé ag síobshiúl aníos as, hmm, is dóigh liom gur as Luimneach, agus thug an fear seo síob domh. Bhí mé ag síobshiúl agus stop sé agus thug sé síob domh. Agus, hmm, áit inteacht i gContae Chill Dara, stop sé, á, ag óstán. An t-óstán áirithe seo, bhí sé thuas ar bhruach beag ar ghruaimhín an bhealaigh mhóir, agus d'fhág sé an carr, á . . . ar, ar an mhalaidh. Ach chuaigh sé fhéin isteach lena bhean chéile a bhailiú, a bhí ag fanacht insan óstán. Anois, aimsir na Trioblóide i dTuaisceart na hÉireann a bhí ann fosta *so* caithfidh sé . . . tharla sé am inteacht, b'fhéidir, insna seachtóidí nó ag tús na hochtóidí. Agus bhí seisean istigh insan óstán, mise amuigh insa charr liom fhéin. Go tobann, thoisigh an carr a bhogadh, agus ní raibh a fhios agamsa cad é le déanamh, mar bhí eagla orm, á, baint de . . . á, ghiar, nó de na coscáin. Ní raibh a fhios agam cá raibh na coscáin fiú amháin. *So,* an t-aon rud a rinne mé ná léim amach as an charr chomh tapaidh agus a thiocfadh liom. Agus rinne mé iarracht cúl a choinneáil ar an charr agus an carr ag bogadh anuas an mhalaidh. Agus bhí sin iontach deacair mar bhí an mhalaidh áirithe seo cineál claonta, bhí, bhí fánaidh mór leis. Á, bhí mé i mbarr mo chéille. Ní raibh a fhios agam cad é a dhéanfainn, agus bhí an bealach mór ag bun na malacha agus cuid mhór gluaisteán agus trácht trom ar an bhealach mhór sin. Ádhúil go leor, ag an bhomaite sin, tháinig, á, leoraí mhór le saighdiúirí thart agus scairt mise, á, go raibh mé i dtrioblóid. Agus stop an leoraí lom láithreach agus léim cúpla saighdiúir amach agus dúirt mise leo, á, "Can you do something to stop this car?" Agus d'amharc siad orm agus *you know,* bhí, bhí iontas orthu. Agus stopadh an carr, dar ndóighe, léim duine inteacht isteach agus, hmm, cá bith a rinne sé leis na coscáin, stop an carr. Ach, ansin, tháinig an fear amach as an óstán, é fhéin agus a bhean, agus chíonn sé an ruaille buaille seo thart ar an charr, agus na saighdiúirí, agus mise ansin. Agus is dóigh liom . . . chím é agus a bhéal foscailte aige. Is dóiche gur shíl sé gur duine inteacht de chuid an IRA a bhí ann, nó . . . níl a fhios agam cad é a shíl sé. Ach, hmm, á, chuir sin ar mo shúile domh ag an am gur chóir domh rud inteacht a dhéanamh agus, b'fhéidir, tiomáint a fhoghlaim. Ach i gceann cúpla lá bhí dearmad déanta agam de agus níor fhoghlaim mé an tiomáint ariamh ó shin.

Segment 2   01:21:44

Watch Interview 2, in which Bosco Ó Conchúir remembers some very distant relatives. Then go on to the notes and activities below.

Saibhriú focal

Watch the interview and listen out for Irish words and phrases that have the same meaning as the following:

1. illness
2. when they embarked
3. the father found it difficult
4. to care for the children
5. a descendent

An teanga

When Bosco says *seana seana seanaintín* he isn't describing his exact relationship to the lady in question. He's simply emphasizing that the story happened a long time ago. Of course Irish has its ways to describe remote ancestors, as shown below:

Grandfather	Great-grandfather	Great-great-grandfather
Seanathair	*Sin-seanathair*	*Sin-sin-seanathair*

Grandmother	Great-grandmother	Great-great-grandmother
Seanmháthair	*Sin-seanmháthair*	*Sin-sin-seanmháthair*

Ó Ghaeltacht go Gaeltacht

A. While its chief meaning is simply "lost," the verb *caill* is used in the Irish of Munster and Connacht to refer to someone's death. *Cailleadh cuid den gclann* translates as "Some of the children died."

B. Bosco uses a few words you may not have heard before or may know in a more standard, written form:

Thánadar = tháinig siad
Ní raghaidís = ní rachaidís
Shiúlaigh = shiúil

INTERVIEW 2 **Bosca Ó Conchúir remembers some very distant relatives.** ◆ Hmm, *yes*, gheofá ana-chuid, cloiseann tú ana-chuid scéalta. Mar shampla, bhí, bhí seana seana seanaintín agam a chuaigh go Meiriceá. Bhíodar le dul go New Orleans ach, toisc breoiteachtaí éigint a bheith ar an mbád, ní scaoilfí i dtír i New Orleans iad. *So* chuadar síos go dtí Honduras. Ach ar an slí sall cailleadh an bhean chéile agus cailleadh cuid den gclann agus ní raibh fágtha ach an t-athair agus beirt mhac is beirt iníon nuair a thánadar i dtír i Honduras. Agus fuair an t-athair deacair é, aire a thabhairt don gclann, *so* d'fhág sé an bheirt iníon i Honduras agus chuaigh sé fhéin agus a bheirt mhac suas go dtí New Orleans chun, mar b'in é an bunáit go rabhadar chun dul. Agus tar éis bliana nó dhó nó trí, chuaigh sé thar n-ais go Honduras chun a chlann iníon a bhailiú ach ní raghaidís ina theannta. Agus d'fhanadar thíos ann agus tógadh thíos ann iad, le, le dhá chlann difriúil. Agus tháinig duine acu san—sliocht sleachta do dhuine acu san—abhaile ansan i mBaile an Fheirtéaraigh ag lorg eolais agus shiúlaigh sí trí Bhaile an Fheirtéaraigh ag lorg Manning. Agus bhuail sí le Eileen Manning i mBaile an Fheirtéaraigh agus "*Are you looking for the Honduran?*" *So*, bhí an t-eolas go léir faoin *Honduran*, bhí sé i mBaile an Fheirtéaraigh agus chuir san an-iontas ar fad orthu. Ach, á, *yeah. So*, tá gaolta againn thíos i Honduras.

Segment 3　　　　　　　　　　　　　　　　　　　　01:23:14

Watch Interview 3, in which Jackie Mac Donncha remembers how emigration effected his own family. Then go on to the notes and activities below.

Ó Ghaeltacht go Gaeltacht

A. Notice that Jackie pronounces the word *deirfiúr* as if it were written *dreifiúr*. The same is true of *deartháir*, which is pronounced *dreatháir* in the Irish of Conamara.

B. *Th'éis* is a variant of *tar éis*.

An teanga

Listen again to the line in Jackie's poem that says *D'iompaigh sé ón bhfuinneog agus / shuigh le taobh na tine*. Notice that the pronoun *sé* isn't repeated after the second verb in the sentence, because it's quite clear who is acting. Think of how clumsy it would be to repeat the pronoun in English: "He turned from the window and he sat by the fireside." It's much more natural to say "He turned from the window and sat by the fireside." With that in mind translate the following sentences into Irish:

1. She went to England and stayed there for a couple of years.

2. He wrote a poem and sent it to a magazine (*iris*).

3. They bought a house in the country and started farming.

4. He put on his working clothes and began working.

Cultúr

Jackie's poem, from his 2003 collection, *Gaineamh Séidte*, is reproduced with the kind permission of the publishers, Cló Iar-Chonnachta (CIC). CIC's catalogue of books and traditional music can be accessed from their website www.cic.ie.

INTERVIEW 3 **Jackie Mac Donncha remembers how emigration effected his own family.** ◆ D'imigh deirfiúr dhom fhéin, hmm, thart ar naoi déag seasca, tá mé ag ceapadh. Chuaigh sí go Sasana. Hmm, ní hé an oiread sin athrú a bhí ar an saol, ar an saol anseo i naoi déag seasca agus is dóigh gur cheap a muintir nach bhfeicfidís arís ach an oiread í. Ní mar sin a tharla, mar tharla na heitleáin agus go raibh sé chomh héasca taisteal agus mar sin de, ach, hmm . . . Nuair a d'imigh sí, cheap m'athair agus mo mháthair nach bhfeicfidís arís í. Ach scríobh mé an dán seo, hmm, an mhaidin ar imigh sí ar an mbus agus an chaoi a bhfaca mé m'athair istigh sa teach, th'éis í dhul ar an mbus. Scríobh mé an dán seo agus "Imirce" an teideal atá air. Agus is faoi m'athair é, an, an chaoi a raibh sé nuair a d'imigh a chéad iníon ar imirce.

IMIRCE

D'fhan sé ag faire ar an mbus
go ndeachaigh sí as amharc
le fána
ag an Áth Íochtair.

Thaispeáin sí aríst
ar Dhroim an Chriathraigh.
Ach i gceann nóiméid
bhí a chéad iníon imithe
as amharc.

D'iompaigh sé ón bhfuinneog agus
shuigh le taobh na tine
a chloigeann ina dhá láimh
agus chaoin.

Mar go raibh mé óg
cheapas nár chóir go gcaoinfeadh fear
ach anois
agus mé gar don aois
a bhí seisean
tuigim.
Cé nár imigh éan
as mo nead
fós.

AONAD 16

Cultúr
Culture

Segment 1
01:24:48

Watch Interview 1, in which Máirín Nic Dhonncha describes the highly successful cultural festival, Oireachtas na Gaeilge. Then go on to the notes and activities below.

An teanga

Ealaín is a very irregular noun that many people, and not just learners, find difficult. There are other irregular nouns in the table below. Can you fill the gaps?

Nominative singular	Nominative plural	Genitive singular	Genitive plural
ealaín	ealaíona	ealaíne	ealaíon
leaba			leapacha
dia			déithe
mí			míonna
sliabh	sléibhte		
bean	mná		

Cultúr

A. For more information about Oireachtas na Gaeilge, see their website www.antoireachtas.ie.

B. The name *Doire Cholm Cille* (the Oak-grove of Colm Cille) celebrates one of the founders of Christianity in Ireland and Scotland. According to tradition Colm Cille (the dove of the church) was so named because of his gentle nature, although that doesn't sit well with legends that cast the saint as rather bad tempered and impatient. After becoming involved in a political controversy in Ireland, Colm left for Scotland, where he founded a monastic site on the isle of Iona (*Í Cholm Cille*). Colm's wayward career is equally celebrated in Ireland and in Gaelic Scotland. He has given his name to Colm Cille, an Irish-Scottish initiative to forge closer links between speakers of Irish and speakers of Scots Gaelic. See www.colmcille.net for more information.

INTERVIEW 1 Máirín Nic Dhonncha describes the highly successful cultural festival, Oireachtas na Gaeilge. ◆ Bhuel, hmm, is eagraíocht náisiúnta é Oireachtas na Gaeilge, agus tá, a bhfuil sé leagtha de chúram air, hmm, na healaíona dúchasacha Éireannacha a chur chun cinn. Agus deintear é sin ar bhealaí éagsúla. Reáchtáileann an tOireachtas dhá fhéile chuile bhliain—Oireachtas na Samhna agus Oireachtas na Bealtaine. Á, is féilte iad seo a bhogann thart ó áit go háit. Ní bhíonn siad san áit chéanna bliain i ndiaidh bliana. Mar shampla, anuraidh, bhí Oireachtas na Samhna i gCorcaigh agus, i mbliana, beidh sé ar siúl i nDoire Cholm Cille. Hmm, na daoine a fhreastalaíonn ar an bhféile is Gaeilge den chuid is mó a labhraíonn siad agus reáchtáiltear na féilte trí Ghaeilge. *So*, dá bhrí sin, is cuma cén áit a mbíonn féile ar siúl—is Gaeltacht, is Gaeltacht a bhíonn ann. *So*, is muide ceann de na Gaeltachtaí is, is soghluaiste sa tír, nó an t-aon Ghaeltacht soghluaiste sa tír. Hmm, deineann na féilte ceiliúradh ar na healaíona traidisiúnta—an amhránaíocht ar an sean-nós, damhsa ar an sean-nós, hmm, ceol traidisiúnta na hÉireann, á, scéalaíocht, lúibíní, agallamh beirte agus go leor leor eile. Bíonn an, an, an-chraic agus an-chomhrá agus an, an-chuid ceoil, an-chuid seisiún ag na féilte agus freastalaíonn cuairteoirí air as chuile cheard den tír agus fiú amháin taobh amuigh den tír, as, as Sasana, as Albain agus faigheann muid roinnt mhór cuairteoirí as Meiriceá anois, le roinnt blianta anuas.

Segment 2   01:26:16

Watch Interview 2, in which Jackie Mac Donncha explains the art of sean-nós dancing. Then go on to the notes and activities below.

An teanga

Jackie mentions the *lucht féachana* (viewing audience) who come to watch *sean-nós* dancing. Learners sometimes have difficulty in distinguishing between the word *lucht* and more general words such as *pobal* and *muintir*. Sentences like *Tá lucht Mheicsiceo an-chairdiúil* are incorrect and sound very unnatural to Irish speakers.

- As a general rule *lucht* is used to describe a particular class of people or people who are engaged in a certain activity.

  an lucht oibre = the working class
  lucht an cheoil = people who play or listen to music
  lucht caite tobac = smokers

- *Pobal* is a more general word, rather like "community," for example, *pobal na Gaeltachta* (the community of the Gaeltacht), and *an pobal Éireannach i Meiriceá* (the Irish community in America).
- *Muintir* also refers generally to a group of people, most often relatives or the residents of a particular place. *Is as Gaillimh mo mhuintir féin* (My people are from Galway) and *Taitníonn muintir Mheiriceá Theas go mór liom* (I really like the people of South America).

Complete the sentences below by choosing the correct option.

1. People who might hear a certain amount of Irish from their families.
   Daoine a chluinfeadh méid áirithe Gaeilge óna [pobal / lucht / muintir].
2. There's a little Amish community there who still speak German.
   Tá [pobal / lucht / muintir] beag Amish ann a labhraíonn Gearmáinis fós.
3. The drunken customer upset the waiting staff.
   Chuir an custaiméir ólta isteach ar an [pobal / lucht / muintir] freastail.
4. Most of my mother's people went to America.
   Chuaigh an chuid is mó de [pobal / lucht / muintir] mo mháthar go Meiriceá.
5. There were thirty thousand Ireland fans there.
   Bhí tríocha míle de [pobal / lucht / muintir] leanúna na hÉireann ann.

Foghraíocht

Words are often shortened in ordinary speech. Listen to Jackie saying *ar feadh an stáitse* and *tá mé ag ceapadh* and you'll notice two things:

- *ag* before a verbal noun sounds more like [a] (*a' ceapadh*)
- the article *an* loses its final *-n* and also sounds like [a] (*a' stáitse*)

However, the final [g] and [n] sounds remain very distinct when they precede words beginning with a vowel, as in *ag imeacht* and *ar fud an urláir*. Listen out for further examples in the interview and try to work this feature into your own speech. Think of how natural it is to say things like "salt 'n' pepper" in English rather than pronouncing each word fully.

Ó Ghaeltacht go Gaeltacht

A. Notice that Jackie pronounces the words *damhsa* and *damhsóir* as if they were written *damsa* and *damsóir*.

B. You may have noticed that Jackie pronounces *is fearr* as if it were written *is fhearr*.

C. Jackie uses a few words you may not have heard before or may know in a more standard form:

Chaon = gach aon
Taithníonn = taitníonn

INTERVIEW 2 **Traditionally popular in Conamara, sean-nós dance is growing in popularity throughout Ireland. Jackie Mac Donncha explains how it's done.** ◆ Bhuel, tá i bhfad níos mó ord le damhsa céilithe. Tá tá, cineál, tá líne ar thaobh amháin agus líne ar an taobh eile agus tá na huimhreacha cothrom ar chaon taobh agus mar sin. Á, leis an sean-nós, tá níos mó saoirse agat, leis an, leis an damhsa ar an sean-nós. Tá tú ansin, tá an t-urlár agat fhéin agus tá tú in ann imeacht áit ar bith ar fud an urláir is maith leat—cé go ndeireadh na seandaoine gurb é an duine a fhanas sa spota amháin, gurb in é an duine ceart. Deir siad, hmm . . . na damhsóirí ab fhearr go raibh siad in ann damhsa ar phláta. Sin spás an-bheag, b'fhéidir troigh. Agus bhídís á rá má bhí tú in ann damhsa sa spota sin, go raibh tú go maith. Á, an damhsa anois, tá a fhios agam, nuair a bhíonn siad ar an stáitse, na daoine óga, tógann siad an stáitse uilig. 'Bhfuil a fhios agat? Bíonn siad ag déanamh . . . tá go leor, á, mothúchán i gceist leis ar ndóigh freisin agus, hmm, bíonn, tá fonn ar na daoine óga, shílfeá, a bheith ag dul ar fud an stáitse. Hmm, b'fhéidir nach é an bealach is fearr é, ach sin an chaoi a bhfuil sé dhá dhéanamh agus taithníonn sé leis an lucht féachana. B'fhéidir, b'fhéidir, ar bhealach, go raibh an seancheann, go raibh sé cineál leadránach, nó go mbeadh anois, ag daoine óga. Duine ag damhsa ar an spota amháin i gcónaí. Tá mé ag ceapadh gur maith leo an ghluaiseacht seo ar an stáitse. Agus fuinneamh ar ndóigh freisin.

Segment 3

01:27:34

Watch Interview 3, in which Áine Nic Niallais recalls a disastrous dance competition. Then go on to the notes and activities below.

Saibhriú focal

A. Find words in the interview that have the same meaning as these Irish words and phrases:

1. *misneach*
2. *faiteach*
3. *ag féachaint*
4. *tamall, seal*

B. Áine uses some very useful phrases that learners can adapt to make their own sentences. *An domhan* can be used as an intensifier. *Tá náire an domhain orm* means something like "I'm feeling all the shame in the world." That's a lot of embarrassment! *Tá sé ar eolas agam* translates as "I'm familiar with it" or "I have learned it." Try translating the sentences below using these structures:

1. I'm ravenously hungry!
2. I wasn't aware of that.
3. I'm completely exhausted!
4. I don't know the answer.

INTERVIEW 3 **Áine Nic Niallais recalls a disastrous dance competition.** ◆ Á, chuir mé isteach ar chomórtas damhsa uair amháin. Ní raibh mé riamh rómhaith ag an damhsa. Agus, hmm, ní raibh mé ach cúig bliana d'aois ag an am. Agus bhí mé chomh cúthaileach ag an am nach raibh uchtach agam a rá leis an mhúinteoir damhsa nach raibh na damhsaí ar eolas agam. Agus sheas mé ar an stáitse i mo staic, agus ag breathnú ar an chuid eile ag damhsa agus ní dhearna mé fhéin aon rud ach seasamh ansin.

Agus d'fhág mo theaghlach an, an halla, agus náire an domhain orthu. Ach sin an deireadh le mo ré mar dhamhsóir ar aon nós.

Segment 4 01:28:18

Watch Interview 4, in which Noel Ó Gallchóir describes the traditional art of agallamh beirte. Then go on to the notes and activities below.

Saibhriú focal

A. Below are some words from the interview. Group them into the following categories:

- literature
- controversy/disagreement
- enjoyment

| aighneas | an Fhiannaíocht | script | gáire | prós |
| sult | véarsaíocht | coimhlint | conspóideach | |

An teanga

Noel uses a few idioms using *bain* and the preposition *as*, for example, *gáire a bhaint as*. As we have seen in other units, the meaning of a verb can change greatly when a different preposition is used. Try to insert the correct preposition in the sentences below.

1. It took me a week to do it.
   Bhain sé seachtain _____ é a dhéanamh.
2. Take a seat / sit down.
   Bain _____ .
3. That's not relevant.
   Ní bhaineann sin _____ hábhar.

4. He was taken aback to hear the news.
   Baineadh siar _____ *nuair a chuala sé an scéal.*
5. It's difficult to make conversation with her.
   Tá sé deacair comhrá a bhaint _____ .

Ó Ghaeltacht go Gaeltacht

A. Notice that Noel pronounces *idir* as if it were written *eadar*.

B. The verbal noun *rá* is pronounced as if written *ráit*.

C. *Fá dtaobh de* has a similar meaning to *mar gheall air* or *faoi*. It is pronounced as if written *fá dtaobh dó*.

Cultúr

You can watch examples of *agallamh beirte*, *sean-nós* dancing and singing in the *Fís & Fuaim* section of the Oireachtas website www.antoireachtas.ie.

INTERVIEW 4   **Noel Ó Gallchóir describes the traditional art of agallamh beirte.** ◆ Bhuel, cineál de, hmm, bhuel "agallamh" atá ann, idir bheirt. Bíonn sé i bprós nó i véarsaíocht. Á, cineál de, seanfhoirm traidisiúnta scríbhneoireachta i nGaeilge atá ann. Á, insan Fhiannaíocht, mar shampla, bhí agallamh ansin idir Oisín agus Naomh Pádraig agus tá sé iontach láidir sna ceantair Ghaeltachta. Ní bheadh sé chomh láidir, abair, i nGaeltacht Thír Chonaill agus a bheadh i nGaeltachtaí Chonamara agus i nGaeltachtaí an Deiscirt. Agus, á, le traidhfil blianta m'anam gur as Baile Átha Cliath atá na hagallaimh is fearr ag teacht. Á, daoine cosúil le Joe Ó Dónaill agus Ray Mac Mánais agus, á, daoine cosúil le Seán Ó Gráinne i gConamara agus Traolach Ó Conghaile. Hmm, ní bheinnse anois, hmm, ghlac mé páirt in agallamh beirte agus, caithfidh mé a ráit, bhain mé sult millteanach as. Tá cuimhne agam ceann a scríobh múinteoir atá ag obair sa scoil liom, Muiris Ó Fearraigh, á, ceann a chum muid, hmm, ar an bhealach suas chuig an Oireachtas—ceann darbh ainm "Pádaí ag an Oireachtas." Agus, mar a déarfá, ní raibh script cinnte ar bith againn, ach, á, tá a fhios agam go raibh, á, go raibh sa halla . . . níl a fhios agam anois cá háit é seo, an raibh sé i mBaile Átha Cliath, ach, hmm, tá a fhios agam an méid a bhí sa halla an oíche sin i mBaile Átha Cliath, go raibh siad, á, go raibh siad ag gáire ar scor ar bith. Bhain muid, bhain muid, gáire astu ar scor ar bith. Ach sílim gur foirm iontach maith atá ann agus chíonn tú cuid mhór agallamh beirte anois ag páistí óga atá iontach iontach maith, fá rudaí traidisiúnta. De ghnáth, cineál de, san agallamh beirte bíonn cineál de choimhlint nó aighneas ann fá dtaobh de, abair, an seansaol agus an saol úr, nó fá dtaobh de rud inteacht conspóideach. Agus de ghnáth tá duine amháin ar an taobh amháin agus duine eile ar an taobh eile agus tá argóint nó aighneas idir an bheirt acu.

AONAD 17

Tuairimí 2
Opinions 2

Segment 1　　　　　　　　　　　　　　　　　　　　　　01:30:27

Watch Interview 1, in which Cian Marnell gives his views on Irish "pub culture." Then go on to the notes and activities below.

Saibhriú focal

Watch the interview and listen out for Irish words and phrases that have the same meaning as the following:

1. You spend many hours out in the open. _____
2. I agree with that culture up to a point. _____
3. We don't like skinflints. _____
4. Wouldn't it be much healthier for us all? _____

An teanga

There a few ways of expressing "enough" or "sufficiency" in Irish. Here, Cian says *tá do dhóthain ólta agat*, which means "you have had enough to drink." Notice the use of the possessive adjective *do* to match the second person single *agat*. If no person is mentioned there is no need for the possessive adjective, for example, *An bhfuil dóthain airgid ann?*

Dóthain is commonly used in Munster and Connacht, whereas Ulster speakers tend to use a similar structure with the word *sáith*, for example, *Tá do sháith ólta agat* or *Ní raibh mo sháith airgid fágtha agam.* Common to all the Gaeltacht areas is *go leor*, which has made its way into English as "galore." It has two shades of meaning in Irish:

1. "enough, sufficiency," for example, *Bhí go leor Fraincise agam le deoch a ordú*
2. "plenty, lots," for example, *Chuaigh go leor anonn go Meiriceá. Bhí go leor leor gasúr i chuile theach*

Translate the sentences below using *dóthain*, *sáith* or *go leor*.

1. He's a nice man, in many ways.

2. We hadn't enough time to go to Dublin.

3. You've said enough.

4. There's plenty of work at home.

INTERVIEW 1 **Cian Marnell gives his views on Irish "pub culture."** ◆ Is cinnte go bhfuil an cultúr óil sa tír seo hmm, ar seachrán. Hmm, nuair, nuair a chuireann tú i gcomparáid é leis an gcultúr atá sa bhFrainc nó san Iodáil nó sa Spáinn, agus níl mórán taistil déanta agam taobh amuigh des na na tíortha áirithe sin. Ach, sna tíortha san, hmm, d'fheicfeá an difríocht atá ann. Hmm, nuair a théann tú, agus nuair a théann tú chuig rud éigint agus bíonn deoch bheag agat, hmm, agus caitheann tú na huaireanta an chloig amuigh faoin aer, le do chairde, ag ól beagáinín, ag caint, hmm, ag ithe. Hmm, agus is dócha faoi dheireadh na hoíche go bhfuil do dhóthain ólta agat. Hmm, ach tá an cultúr éagsúil. Tá an fócas éagsúil ar fad.

Agus anso in Éirinn, hmm, an brú atá ann chun deochanna a cheannach agus deochanna a ól agus coimeád suas le daoine agus iad ag ól agus an brú atá ar dhaoine deochanna a cheannach dá chéile. Agus tagaim leis an gcultúr san go pointe. Níl, níl, níl tréith is measa liom i nduine ná an sprionlaitheacht agus, in Éirinn, an áit a léirítear an sprionlaitheacht ná sa phub. An duine atá, a dhiúltaíonn deoch a cheannach do dhuine eile—is, is léiriú ana-ghlé é sin ar sprionlaitheacht i nduine. Agus measaim, mar Éireannaigh—cé go bhfuil go leor eiseamláir, is dócha, den, den sprionlaitheoir in Éirinn—mar chultúr, ní maith linn sprionlaitheoirí agus ní maith linn sprionlaitheacht. Hmm, agus, ar bhealach amháin, is dócha, gur deas an rud é go mbíonn muid sásta deochanna a cheannach dá chéile, ach nach mbeadh sé i bhfad níos sláintiúla dúinn ar fad, dá mbeimis ag ceannach uisce dá chéile, nó ag ceannach sú oráiste dá chéile, nó sú úll nó rud éigint den chineál sin.

Segment 2   01:32:18

Watch Interview 2. We asked Senan Dunne if Irish Sign Language should be taught more widely, like other languages in Ireland. Gordon Ó Ceadagáin translates from Irish Sign Language into Irish. Then go on to the notes and activities below.

Saibhriú focal

A. Gordon uses some very useful phrases that learners can adapt to make their own sentences. The sentence *Cad ina thaobh ná beadh san amhlaidh?* translates as "Why shouldn't that be so?" *Amhlaidh* means "thus" or "so" and is used in a number of idiomatic phrases in Irish. Can you make out its meaning in the phrases below? Try to provide a translation into English for each.

1. *D'iarr sé orm suí síos, agus rinne mé amhlaidh.*

2. *An amhlaidh atá tú chun fanacht sa leaba an lá go léir?*

3. *Muise, ní hamhlaidh atá an scéal in aon chor.*
   _____

4. *"Nollaig shona duit" arsa sise. "Gurab amhlaidh duit" a dúirt mise.*
   _____

B. The hand figure that appears after Senan's interview signs the word D-E-A-F.

Ó Ghaeltacht go Gaeltacht

Gordon uses a few words you may not have heard before or may know in a more standard form:

> *Éinne = aon duine*
> *Múineadh na teangan = múineadh na teanga*

INTERVIEW 2 We asked Senan Dunne if Irish Sign Language should be taught more widely, like other languages in Ireland. ◆ Is ea. Cad ina thaobh ná beadh sé amhlaidh? Cad ina thaobh ná, ná, ná raghadh gach éinne amach agus teanga, á, teanga na gcomharthaí a fhoghlaim? Is ea, múinim anois is arís, múinim, múinimse ar an scoil, an teanga. Le dhá bhliain anois agus mé ag múineadh, bíonn, bíonn teaghlaigh ag teacht isteach chughamsa agus bím, bím á múineadh le daoine, leis an bpobal go ginearálta, agus baineann siad ana-thaithneamh as ar fad. Agus chíonn siad é mar—tá a fhios agat, ceapann a lán daoine nach teanga cheart í, teanga na gcomharthaí. Ach nuair a múintear beagán dóibh, chíonn siad ansan go bhfuil sí i bhfad níos daonna, go bhfuil cultúr i gceist, go bhfuil fíortheanga i gceist. Agus gur, gur teanga ann, inti fhéin atá ann. B'fhéidir, ní chaitheann siad, sórt, an teanga a bheith foirfe ar fad acu, ach fós ba cheart beagán eolais a chur amach i measc an phobail. Mar tá daoine ann agus ceapann siad, "Ó, caithfidh mise," má fheiceann siad duine bodhar, "Ó caithfidh mise dul agus cabhair nó cúnamh éigin a thabhairt don duine sin." Ach, á, díreach a thaispeáint do dhaoine gur daoine sinn, agus nach gá, nach gá, an cur chuige sin a bheith ag daoine, gur ceart meas a bheith ag daoine ar dhaoine bodhra agus ar a dteangacha, agus sin an rud is tábhachtaí. Is ea. Cad ina thaobh ná beadh an meas céanna orainne agus a bheadh ag gach duine eile? *So*, caithfimid, sórt, is cuid de sin múineadh na teangan do dhaoine, don phobal ginearálta chomh maith, ionas go mbainfimid amach an stádas céanna agus atá ag gach éinne eile sa tír.

Segment 3   01:34:21

Watch Interview 3, in which Helen Ó Murchú gives her views on proposals to "simplify" Irish. Then go on to the notes and activities below.

Saibhriú focal

A. Listen to the interview again and pick out the words and phrases that correspond to the following:

1. under the influence of English
2. they hurt my ears
3. good, bad or indifferent / by no means
4. you have to accept that

B. Helen uses the linguistic terms *comhréir*, *dátheangach*, *normálú* and *dul cainte*. Search for a definition of these on the online terminology database, www.focal.ie.

An teanga

In Aonaid a hAon, a hOcht & a Naoi we explained the circumstances in which nouns are placed in the genitive case. We mentioned, for example, compound prepositions like *tar éis* or *ar feadh*. Notice however that Helen says *tá tú tar éis ceist a chur orm*. Why doesn't *ceist* go into the genitive (*ceiste*) after *tar éis*? The reason is because *ceist* is the object of a verbal noun (*cur*) in the infinitive. Here are a few more examples from the interviews. In each case the noun remains in the nominative.

- *ag iarraidh an* **carr** *a thabhairt liom*
- *chun* **ceol** *a chur ar fáil*
- *tar éis an* **scoil** *a fhágáil*

Practice this by correcting any mistakes in the sentences below.

1. She is in favor of teaching French in schools.
   Tá sí i bhfabhar na Fraincise a mhúineadh sna scoileanna.
2. They are trying to make their own film.
   Tá siad ag iarraidh a scannán féin a dhéanamh.
3. Clíona has just called him.
   Tá Clíona i ndiaidh scairte a chur air.
4. Barra is going to teach the class for me tonight.
   Tá Barra chun an ranga a mhúineadh dom anocht.
5. I was on the verge of leaving the country then.
   Bhí mé ar tí an tír a fhágáil an t-am sin.

Feasacht teanga

Helen uses the term *idirtheanga* to describe the varieties of Irish spoken among pupils of Irish-medium schools. This "inter-language" can be marked by the very strong influence of the pupils' home language, English. The media too has popularized phrases that owe more to English than to Irish. It's not unusual to hear, for example, *Tá sé ag **fáil** fuar*, which comes directly from the English "It's **getting** cold." Irish traditionally uses another verb to express "becoming": *Tá sé ag **éirí** fuar.* Commentators have coined various names for this heavily anglicized Irish, the most popular of which is *Gaelscoilis*. Other linguists point out that the fluency of Gaelscoil pupils varies greatly, and that the Irish of the Gaeltacht is also much influenced by English. It is only to be expected that their first language will influence the speech of all second language learners.

The sentences below are very heavily influenced by English idiom. Can you transform them into natural Irish sentences?

1. I was very upset when I learned about the fire.
   Bhí mé cráite nuair a d'fhoghlaim mé faoin dóiteán.

2. The captain told me to speak to the man with the beard.
   Dúirt an captaen liom labhairt leis an bhfear leis an bhféasóg.

3. Do you feel like a cup of tea?
   An mothaíonn tú cosúil le cupán tae?

4. He gave her a gift of priceless jewels.
   Thug sé seoda gan luach mar bhronntanas di.

5. The school report was a poor reflection on him.
   Tháinig sé amach go holc as an tuairisc scoile.

6. It's up to yourself.
   Suas duit féin atá sé.

INTERVIEW 3 **Some authors have suggested that the Irish language be simplified to make it easier for learners. We asked Helen Ó Murchú for her opinion.** ◆ Is baolach anois go bhfuil tú tar éis ceist ana-dháinséarach a chur orm, mar ní aontaím olc maith nó dona leis an dtuairim sin. Á, is dóigh liomsa go dtarlaíonn—má tharlaíonn—simpliú, go dtarlaíonn sé go nádúrtha, go minic, in aon teanga nádúrtha. Agus go gcaitheann tú glacadh leis sin. Ní, ní hé go gcaitheann tú glacadh leis, ach is cuid den phróiseas sin tú féin. Ach maidir le gníomh simplithe a dhéanamh ar an dteanga labhartha, á, ní dóigh liom, á, go mbaineann sé le ciall. Ina dhiaidh sin uile, tá caighdeán ann. Is gá duit, más múinteoir tú, á, tá sé i bhfad níos fusa déileáil le caighdeán—is é sin le rá, le leagan nádúrtha, á, ó thaobh, á, go háirithe ó thaobh cúrsaí gramadaí agus cúrsaí litrithe atá leagaithe síos i dtreo is ná beidh, á, milliún leaganacha difriúla ag daoine. Ach nílim ar son simplithe ar son simplithe ar son foghlaimeoirí, caithfidh mé a rá. Mar measaim go bhfuil tú ag cur isteach go mór ar an dteanga nádúrtha pobail, á, insa tslí sin.

Is féidir leat féachaint ar an bhFraincis nó, á, ar an nGearmáinis agus, á, glactar le simplithe insa teanga, á, insa litriú agus insa ghramadach mar bíonn siad tar éis fás go nádúrtha agus ansan déantar iad a chaighdeánú. Agus, á, úsáidtear iad agus mar sin de. Ach, mar a deirim, is dóigh liom go gcuirfeadh sé isteach go mór ar, á, ar an dteanga nádúrtha dá dtabharfaí isteach athruithe ná fuil tar éis forbairt go nádúrtha insa phobal teanga. Ag an am céanna, tá a fhios againn conas mar atá an Ghaeilge sa lá atá inniu ann. Á, tá sí go mór faoi anáil an Bhéarla, agus tá go leor, á, dulanna cainte, b'fhéidir, agus athruithe comhréire, hmm, agus sna scoileanna lán-Ghaeilge tá cineálacha éagsúla "idirtheanga" tar éis teacht chun tosaigh ansin. Agus is dóigh liom gurb é an rud atá tar éis titim amach dúinn, hmm . . . Níor mhaith liom glacadh leo, uimhir a haon, ach tá siad ag éirí ana-chalcaithe insa chaint toisc, is dóigh liom, gur dátheangaigh sinn go léir, go dtuigimid a chéile fiú amháin leis na dulanna cainte sin agus nach gá dhúinn, hmm, feabhas níos mó a chur ar ár gcuid cainte. Ach goilleann siad ar mo chluais, cé go mb'fhéidir go n-úsáidim fhéin iad i ngan fhios dom fhéin toisc go gcloisimid iad ar Raidió na Gaeltachta agus a leithéid. Tá normálú á dhéanamh orthu, geall leis.

AONAD 18

Cuimhní

Memories

Segment 1 01:37:29

Watch Interview 1, in which Dara Ó Cinnéide recalls captaining Kerry, the 2004 All-Ireland football champions. Then go on to the notes below and activities.

Saibhriú focal

Listen to the interview again and pick out the words and phrases that correspond to the following:

1. a special privilege
2. we faced a great challenge that day
3. there was a big gap between the teams
4. Mayo were unfortunate
5. to speak on behalf of the team
6. celebrating with us

Ó Ghaeltacht go Gaeltacht

A. Notice how Dara contracts the words *i mo chaptaen* to *im' chaptaen*. See also *cuid den bpribhléid a bhaineann le bheith id' chaptaen*.

B. Notice too how Dara says *aige baile* instead of using the simple preposition *ag* and saying *ag baile*.

C. Dara uses a few words you may not have heard before or may know in a more standard form:

Bhíos = bhí mé
Buachtaint = buachan
Tagaithe = tagtha

Feasacht teanga

The vast majority of Ireland's placenames are from the Irish language, even in areas where English has been dominant for centuries. The Irish for Mayo is *Maigh Eo*, which, according to tradition, means "the plain of the yew trees." The word *Maigh* differs greatly from place to place. It is written variously as *Máigh*, *Muigh* and *Má*. The same variety is present in many of the elements that make up placenames. Many names were badly mangled in the transition from Irish to English and specialist scholars have been employed to establish the original and proper Irish names. In the Republic the *Brainse Logainmneacha*, or Placenames Branch, has published a number of books and lists of Irish place-names, some of which can accessed online at www.logainm.ie.

The Northern Ireland Place-name project is based in Queen's University, Belfast, and also publishes the results of its research.

Irish place-names are often very different from their Anglicized forms. Can you match the Anglicized place-names in the left-hand column below with the correct Irish name in the right-hand column? You will find some of the names in English-Irish dictionaries and others on the Internet.

Dungloe	*Teamhair*
Clifden	*Cloch na Rón*
Kells	*Cléire*
Roundstone	*Dairbhre*
Ventry	*An Clochán*
Cape Clear	*Brú na Bóinne*
Westport	*An Clochán Liath*
Tara	*Ceann Trá*
Newgrange	*Ceanannas*
Valentia	*Cathair na Mart*

INTERVIEW 1 **Dara Ó Cinnéide recalls captaining Kerry, the 2004 All-Ireland football champions.** ◆ Bhuel, is dócha, beidh cuimhne go deo orm, agamsa, ar an, ar an lá san i Meán Fómhair na bliana dhá mhíle is a ceathair. Bhíos im' chaptaen gan dabht. Pribhléid ab ea é sin, ní amháin domsa ach do mo mhuintir, do mo chlann aige baile agus go háirithe don gclub caide áitiúil anso, agus is cuimhin liom go raibh mórán acu i láthair i bPáirc an Chrócaigh an lá áirithe sin. Bhí sé de sheans linn buachtaint ar Mhaigh Eo an lá céanna. Bhí, gan dabht, bhí dúshlán mór romhainn an lá sin, ach d'éirigh linn. Bhí bearna mhór idir na foirne ar deireadh agus bhí an t-ádh linn agus bhí mísheans le Maigh Eo. Ach is cuimhin liom nuair a bhuamar an chraobh, abair, chaitheas-sa dul suas agus glacadh leis an gCorn agus mar sin. Sin cuid den bpribhléid a bhaineann le bheith id' chaptaen, agus labhairt thar ceann na foirne. Agus, á, bhí sé go deas féachaint anuas ó Ardán Uí Ógáin, agus féachaint ar mhuintir Chiarraí bailithe amuigh ar an bpáirc agus craobh eile buaite acu agus iad, is dócha, ag ceiliúradh inár dteannta. Agus, á, bhí sé deas chomh maith go raibh oiread daoine ó Chumann Caide na Gaeltachta ar an bhfoireann agus go raibh oiread daoine tagaithe aníos ó Chiarraí, ón nGaeltacht go háirithe, ó Chorca Dhuibhne, tagaithe chun tacaíocht a thabhairt dúinn. Agus, gan dabht, nuair a bhuamar ansan bhí an, ana-cheiliúradh agus cuireadh ana-fháilte abhaile romhainn. Deirtear go bhfuil traidisiún láidir caide i gCiarraí agus i gCorca Dhuibhne, go deimhin, ach ní dheineann siad dearúd go deo ar an gcéad cheann eile.

Segment 2   01:38:55

Watch Interview 2, in which Cathal Ó Searcaigh remembers a bad experience at school. Then go on to the notes and activities below.

Saibhriú focal

A. Listen to the interview again and pick out the words and phrases that correspond to the following:

1. I gave a new twist to the clichés   _____
2. he was furious   _____
3. that was common   _____
4. brutality   _____
5. there was no emphasis on the imagination   _____

B. *Seacht* is often used as an intensifier in Irish, as in the sentence *bhuail sé seacht léar orm*, which translates as "he gave me a thorough beating."

Using the dictionary if necessary, find the meaning of the following idiomatic phrases:

1. *Rinne mé mo sheacht ndícheall.*   _____
2. *Tá na seacht n-aithne agam air.*   _____
3. *Oíche na seacht síon.*   _____
4. *Tá seacht mbarraíocht ann.*   _____

An teanga

Cathal uses *teach s'agaibhse* to say "your house." This is a shortned form of *an teach seo agaibhse*. This structure is often used when talking about family members, for example, *Liam 's againne* (our Liam) or *Bríd s' agaibhse* (your Bríd).

INTERVIEW 2 **Cathal Ó Searcaigh remembers a bad experience at school.** ◆ Ach is cuimhneach liom, uair amháin, dhul 'na scoile le m'aiste bheag. Aiste bheag inar bhain mé casadh as na clichéanna. Agus d'iarrtaí orainn i gcónaí aistí a scríobh—"D'éirigh mé ar a hocht a chlog ar maidin. Chuir mé orm mo chuid brístí. D'ith mé mo bhricfeasta. Chuaigh mé 'na scoile." An cineál sin rud'. Ní raibh spéis ar bith, cineál, insa tsamhlaíocht. An *logic*, agus an rud a bhí réasúnta. Chuaigh mise isteach le m'aiste bheag agus is é an rud a bhí ann ná "D'éirigh mé ar a hocht a chlog ar maidin. Á, chuir mé orm mo chuid paidreacha. Dúirt mé mo bhrístí. Tháinig mé anuas an bricfeasta agus d'ith mé an staighre." Agus thug mé an aiste bheag seo don mhúinteoir. Léigh sé é agus bhí cuil nimhe air nuair a léigh sé an aiste. Hmm, thug sé buille domh. Ach bhí sin coitianta, dar ndóighe, an cineál sin brúidiúlacht'. Á, bhuail sé seacht léar orm, is cuimhneach liom. Ach ní sin an rud a chuimhním air anois i dtaobh achan rud a dúirt sé liom, i ndiaidh dó seacht léar a bhualadh orm dúirt sé "*Sure*, níl staighre ar bith i dteach 's agaibhse." Agus ní raibh béim ar bith ar an tsamhlaíocht insa scoil áirithe sin.

Segment 3 01:40:28

Watch Interview 3, in which Helen Ó Murchú remembers changing times in her native Co. Limerick. Then go on to the notes and activities below.

Saibhriú focal

Watch the interview and listen out for Irish words and phrases that have the same meaning as the following:

1. modern
2. booklet
3. cement
4. gleam, shine

An teanga

Helen mentions the 1940s, or *na daichidí*. Other interviewees mention particular decades, for example, *mar a bhí sé sna seachtóidí agus sna hochtóidí*. The same words are used when talking about age. A woman in her thirties might be described as *bean sna tríochaidí*. In written Irish dates are often contracted as follows: *1920aidí, 1930aidí*, etc. Teenagers are known as *déagóirí*.

Ó Ghaeltacht go Gaeltacht

A. You might notice that Helen says *bheadh ort t'amhrán a bheith agat* during the interview. This is simply a Munster form of *bheadh ort d'amhrán a bheith agat*, which translates as "you would have to have *your* song" (ready for performance). Similarly you might hear *t'athair (d'athair), t'ainm (d'ainm)*.

B. Helen uses a few words you may not have heard before or may know in a more standard form:

Léimt = léimneach
Cathain. This word has the same meaning as *cá huair* or *cén t-am*.

Cultúr

Comhaltas Ceoltóirí Éireann was founded in 1951 to promote and teach Irish traditional music. It has over four hundred branches, many of which are outside of Ireland, mostly in Britain, America and Canada. The Comhaltas website can be found at www.comhaltas.com.

INTERVIEW 3 **Helen Ó Murchú remembers changing times in her native Co. Limerick.** ◆ Is saol difriúil a bhí ann, áfach. Arís, bhí an t-ádh liom fhéin, is dócha, an saol a bhí agam. D'fhás mise suas insna daichidí agus, dar ndóigh, blianta an chogaidh. Ach ina dhiaidh sin, hmm, bhíos ar an, ar an mbunscoil, is dócha, go dtí caoga a dó agus mar sin. Bhíodh na hoícheanta amhránaíochta insa tigh! Agus ba ghnáthrud é insa mbaile beag seo go, go mbeadh ort t'amhrán a bheith agat, nó *recitation* agus, hmm, "Dan McGrew" nó rud éigint—tá siad go léir áit éigin thiar i mo chuimhne, anois. Ach ba rud nádúrtha é go gcaithfeá t'amhrán a dhéanamh. Agus tá mé ag rá leat, ní amhránaithe formhór díobh, ach chaithfeá éisteacht leo agus do bhíodh coinne leo go n-iarrfaí orthu an rud a dhéanamh.

Agus rince sa chistin chomh maith. Agus is cuimhin liom alt a dhéanamh d'Éamann Ó hArgáin, á, don leabhrán nó don iris a chuireann, hmm, Comhaltas Ceoltóirí Éireann amach ansan, tamall de bhliantaibh siar. Agus bhí sé ag cur ceiste orm, "Bhuel, cathain ar stop sin?" agus do chuimhníos go hobann gur stop an rince sa chistin, na seiteanna mar shampla, nuair a cuireadh tíleanna nua-aimseartha síos ar an stroighin bhreá, á, mín, leibhéalta le loinnir air ó úsáid a bhí ann. Agus b'in deireadh, ní bhíodh cead ag daoine a bheith ag rince ar a leithéid sin. Ba thrua é, ar shlí, ach arís na seiteanna, bhíodar san, á, ana-choitianta insa, i nglúin, á, na muintire romham agus, á, le mo linn fhéin. Á, agus, hmm, dar ndóigh, b'fhearr leo go mór san áit go rabhas i gContae Luimnigh, na *Kerry Slides* seachas a mbíodh ar siúl ó Chontae an Chláir, ná bídís ach ag léimt síos suas san aer. Deiridís go raibh an rud eile i bhfad níos grástúla.

Bhí sé spéisiúil, is dócha, a bheith ag fás aníos . . . Á, arís, ansan, d'imigh sé sin go léir agus bhí sé imithe. Tháinig an teilifís i naoi gcéad seasca is a trí. Bhíos díreach fillte, is dócha á, ó Mheiriceá. Do chaitheas seasca a trí i Meiriceá, i Chicago. Bhíos ann nuair a maraíodh, á, hmm, John F. Kennedy. Agus nuair a tháinig mé abhaile ansan bhí an teilifís gach áit. Ní raibh teilifís agam i Meiriceá—ní raibh an t-airgead againn chuige! Ach bhí sé ag gach éinne agus chuir sé sin athrú mór eile ar an saol.

AONAD 19

Éire inniu
Ireland today

Segment 1   01:43:14

Watch Interview 1, in which Muiris Ó Laoire predicts that new emigrants to Ireland will have an impact on Irish culture. Then go on to the notes and activities below.

Saibhriú focal

Watch the interview and find words and phrases that correspond to the following:

1. having said that . . .   _____
2. influence   _____
3. multicultural   _____
4. theoretically   _____

An teanga

Muiris says *idir comharsana* (between neighbors) and *idir cultúir* (between cultures). Other speakers lenite after the preposition *idir*, as in *agallamh atá ann, idir bheirt*. Both usages are acceptable, but one should be consistent, not using lenition in one sentence and leaving it out in the next.

There is one context in which lenition always occurs, that is, when *idir* is used to express the sense "both." *Tá idir bhuachaillí agus chailíní ar an scoil sin* translates as "Both girls and boys attend that school." Note the lenition of both the nouns. Other examples are *idir bheag agus mhór* (both little and large), *idir shean agus óg* (both young and old), etc.

Using dictionaries try to establish the sense of these Irish idioms:

1. *idir shúgradh is dáiríre* _____
2. *idir an dá linn* _____
3. *idir dhá cheann na meá* _____

INTERVIEW 1 **We asked Muiris Ó Laoire if the new emigrants to Ireland will leave an impact on Irish culture.** ◆ Is dóigh liom go mbeidh. Á, agus is dóigh liom gur tionchar ana-dhearfach a bheidh i gceist. Mar, bíonn daoine ag caint faoin ilchultúrachas agus, ar ndóigh, cheana féin tá Éire níos ilchultúrtha ná mar a bhíodh. Dá siúlfá anois ar Shráid Uí Chonaill—láithreach thabharfá faoi deara. Ní gá dul go Baile Átha Cliath ar chor ar bith. Féadann tú é san a thabhairt faoi deara anso i dTrá Lí. Ach, is ea, is dóigh liom go gcífidh tú ar ball meascán den chultúr atá . . . an rud ar a nglaonn siad "an meascán cultúrtha" air. Tá sé sin, an feinimeán sin, ana-shuimiúil, mar is dóigh liom go saibhreoidh sé cultúr dúchais agus cultúr an Bhéarla in Éirinn agus cultúr na ndaoine eile a thagann. É sin ráite, sin rud go teoiriciúil. Tuigim go mbeidh deacrachtaí praiticiúla, ach, is dóigh liom cheana fhéin go gcímid an, an meascán idir cultúir, b'fhéidir, anseo idir comharsana i réimsí áirid. I dTrá Lí, abair, daoine, bun . . . tá, mar shampla, ansan tá cór i dTrá Lí agus tá daoine ann ón Afraic agus ó Éire agus canann siad amhráin ón Afraic agus ó Éirinn. Sin comhartha, abair, den chineál meascán cultúrtha san a chífimid i bhfad níos mó de, chífimid a thuilleadh de, sna blianta atá romhainn, tá súil agam.

Segment 2

01:44:42

Watch Interview 2, in which Donncha Ó Cróinín explains the downside of the Celtic Tiger—a massive rise in house prices. Then go on to the notes and activities below.

Saibhriú focal

A. Watch the interview and find words and phrases that correspond to the following:

1. a single person   _____
2. the National Lottery   _____
3. nearly impossible   _____
4. married or cohabitating couple _____
5. the city is spreading out   _____

B. Donncha uses some very useful phrases that learners can adapt to make their own sentences. The primary meaning of the word *fiú* is "worth" or "value," but Donncha uses it in another way when he says *fiú i ngaireacht do Bhaile Átha Cliath* (even in the vicinity of Dublin), and *fiú do lánúin* (even for a married couple). Sometimes the word *amháin* is included as in *Ní raibh a fhios agam cá raibh na coscáin fiú amháin* (I didn't even know where the brakes were). Sometimes *fiú* or *fiú amháin* is used as filler in a sentence, rather like "just" or "even" in English.

Can you make out how the word *fiú* is being used as in these sentences from the interviews?

1. *Fiú mura bhfeiceann tú iad ar feadh cúpla bliain.*
   _____

2. *Déan cinnte go múchann tú an teilifís, nach bhfuil sé ar* standby *fiú san oíche.*
   _____

3. *Ní fiú dom an carr a thabhairt isteach go lár na cathrach.*
   _____

4. *Agus anois, fiú amháin, tá i bhfad níos mó roghanna ar fáil.*
   _____

An teanga

Notice that Donncha uses *ceathracha* for "forty" instead of *daichead*. *Daichead* is widely used and taught, but *ceathracha* is also very common.

INTERVIEW 2 Donncha Ó Cróinín explains the downside of the Celtic Tiger—a massive rise in house prices. ◆ Tá sé thar a bheith deacair, go háirithe do dhuine aonair, tá sé thar a bheith deacair teach a cheannach i mBaile Átha Cliath. Á, ná fiú i ngaireacht do Bhaile Átha Cliath, i ngaireacht, b'fhéidir, tríocha míle nó ceathracha míle do Bhaile Átha Cliath. Tá sé thar a bheith deacair. Á, i ndáiríre, tá tú ag brath ar chúnamh ó do thuismitheoirí nó cúnamh ó do mhuintir nó, b'fhéidir, ó, ón *Lottery* nó rud éigin ón gCrannchur Náisiúnta, á, á, má bhuann tú an t-airgead. Tá sé beagnach dodhéanta do dhuine aonair é a dhéanamh. Fiú do lánúin, tá sé thar a bheith deacair teach a cheannach. Á, agus sin an fáth, is dócha, go bhfuil an chathair ag leathnú amach agus go bhfuil daoine ag brath ar thaisteal isteach go lár na cathrach, á, b'fhéidir tríocha, ceathracha, caoga, seasca míle a thiomáint isteach. Tá sé thar a bheith deacair teach a cheannach sa lá atá inniu ann.

Segment 3   01:45:43

Watch Interview 3 in which Noel Ó Gallchóir describes the changes he has noticed in Irish family life. Then go on to the notes and activities below.

Saibhriú focal

A. Watch the interview and find words and phrases that correspond to the following:

1. healthy, wholesome   _____
2. they do as they please _____
3. substitute   _____
4. in full flight, unrestrained _____

B. Noel uses three alliterating words *comhrá, comhluadar agus craic* (conversation, company and craic). Irish has a number of similar repetitive idioms. In Aonad 17, Segment 3, Helen Ó Murchú gave us *maith, olc nó dona*. Translate the examples below into English, using the dictionary if necessary.

1. *An teas a bhíonn in Florida, níl léamh, scríobh ná insint béil air.*
   _____

2. *Ní raibh lóistín ar bith le fáil—dubh, bán ná riabhach.*
   _____

Ó Ghaeltacht go Gaeltacht

Noel uses a few words you may not have heard before or may know in a more standard form:

Ceannacht = ceannach
Instear = insítear. Donegal speakers also tend to say *inse* instead of *insint*.

Cultúr

Airneáil is the Ulster version of *airneán*. Its basic meaning is staying up late at night, as was common in the countryside during the winter months when there wasn't much work to do. Certain houses became well-known as *tithe airneáin* where visitors would gather together for a long night of entertainment. Here storytellers, singers and musicians found their stage and their audience. Nowadays *oíche airneáin* is mainly used to describe social evenings organized by Irish language groups.

INTERVIEW 3 **Noel Ó Gallchóir has noticed many changes in Irish family life.** ◆ Chíthear dom go bhfuil cuid mhór de sin ann, á, níl dabht ar bith fá dtaobh de, ná go dtiocfadh lena bhfad níos mó áiseanna a bheith ann, á, do aos óg agus do dhéagóirí go háirithe. Ach mar sin fhéin, an bhfuil a fhios agat, saol traidisiúnta an teaghlaigh mar a bhí sé fad ó shin, nuair a bhí, cineál de, comhrá ann agus comhluadar agus craic ann agus airneáil. Bhuel, tá deireadh leis sin anois agus, hmm, tá airgead ann. Agus is dócha gur sin an rud atá tuismitheoirí, b'fhéidir, ag tabhairt do pháistí in áit a bheith ag tabhairt rudaí eile daofa. Tá siad, á, ábalta rudaí a cheannacht daofa, ach b'fhéidir nach ab é ionadaí ar bith atá ansin ar, b'fhéidir, an rud is luachmhaire a thig leofa a a thabhairt daofa, an bhfuil a fhios agat, cineál de, oideachas an tsaoil a thabhairt daofa, sampla maith a thabhairt daofa, saol maith folláin teaghlaigh a chruthú.

Sin ceann de na rudaí a chuireann iontas ormsa anois le linn an téarma scoile, an bhfuil a fhios agat, tá sé olc go leor, b'fhéidir, léar mór páistí óga trí bliana déag agus ceithre bliana déag agus cúig bliana déag a bheith ar shiúl leo ar cosa in airde i, á, ag an deireadh seachtaine, abair oíche Aoine agus oíche Shathairn. Ach instear domhsa, agus chím fhéin é, aos óg, agus tá cuma orthu go bhfuil cead a gcinn acu, go dtig leofa a bheith ar shiúl achan oíche, seacht n-oíche na seachtaine agus, go minic, á, titim ina gcodladh sna ranganna ar maidin mar tá cuma orthu go mbíonn siad ina suí mall ag amharc ar achan chineál scannáin ar an teilifís agus ar fhístéipeanna. Agus cuma orthu go bhfuil tuismitheoirí sásta na rudaí sin a thabhairt daofa agus cead a gcinn a thabhairt daofa.

AONAD 20

Na Gaeil i Meiriceá Thuaidh

The Irish in North America

Segment 1   01:47:33

Watch Interview 1, in which Jackie Mac Donncha describes how many people from Conamara left Ireland for America. Then go on to the notes and activities below.

Saibhriú focal

A. Using the dictionary, find the meaning of two idiomatic phrases from Jackie's interview. Try to provide English translations:

1. *Ní raibh saothrú ar bith ann.*

2. *Rinne an imirce bánú ar cheantar Chonamara.*

B. Notice that Jackie uses the preposition *ag* in the phrase *nuair a d'fhág athair agus máthair slán ag mac nó iníon*, which means "when a father and mother said goodbye to a son or daughter." There is a subtle difference between *slán leat* and *slán agat*. Usually *slán leat* is said to someone who is departing whereas *slán agat* is said to someone who is staying.

An teanga

Corrlitir translates as "the occasional letter" or "the odd letter." It's a compound made up of the prefix *corr* and the noun *litir*. The meaning of words like *corr* can change according to their position. *Corrdhuine* implies "an occasional person" or "a person here or there," whereas *duine corr* strongly suggests someone who is "odd" in the sense of being strange. Some prefixes cannot be used independently. *Droch-* and its opposite *dea-* never appear in any context other than compound words. For example *dea-scéal* or *drochscéal*.

Ó Ghaeltacht go Gaeltacht

Jackie uses a few words you may not have heard before or may know in a more standard form:

Dhá scríobh = á scríobh
Postanna. This is a variant plural of *post*. The standard plural is *poist*.

INTERVIEW 1 **Jackie Mac Donncha describes how many people from the Conamara Gaeltachta left Ireland for America.** ◆ Hmm, mo mhuintir fhéin, chuaigh, chuaigh an chuid is mó de mo . . . muintir mo mháthar, agus muintir m'athar, chuadar go Meiriceá. Hmm, thart ar, á, deireadh na naoú haoise déag, abair. Chuaigh go leor anonn go Meiriceá an t-am sin. Agus tá a fhios agam go raibh, á, muintir mo mháthar, go ndeachaigh deirfiúr do mo mháthair anonn thart ar naoi déag—naoi déag trí déag. Agus cheap siad nach raibh acu ach dul go Meiriceá agus go mbeadh chuile shórt ceart, ach chonaic mé litreacha a tháinig abhaile uaithi sin ag an am chuig mo mháthair, go raibh rudaí níos measa i Meiriceá nuair a chuaigh sí anonn ná a d'fhág sí anseo sa mbaile. Agus d'fhág sé sin rudaí an-dona mar bhí rudaí an-dona anseo. Ní raibh saothrú ar bith ann. Bhí teaghlach mór millteach . . . bhí go leor leor gasúr i chuile theach. Bhí tithe ann nach raibh ann ach dhá sheomra agus, b'fhéidir, dosaen gasúr, chomh maith le hathair agus máthair agus, b'fhéidir, uncail agus aint freisin sa teach. Agus chaith siad uilig imeacht ach b'fhéidir duine amháin.

Ach an dream a d'imigh an t-am sin, bhí an saol chomh dona i Meiriceá agus a bhí sa mbaile. Agus bhí deacair, bhí sé an-deacair post a fháil thall ann agus na postanna a fuair siad, ní raibh aon airgead as agus bhí siad ag obair an-chrua. Ach, ó rinne, rinne an imirce bánú ar cheantar Chonamara, ar ndóigh, mar gheall ar an, chomh bocht is a bhí an áit. Ní raibh aon talamh ann mar a bhí in áiteacha eile. Agus daoine a d'imigh an t-am sin, ní raibh aon súil ar ais leo go brách. Corrlitir, déarfainn a bhí dhá scríobh. Bhí cuid acu nach raibh in ann scríobh abhaile. Agus tá mé ag ceapadh nuair a d'fhágadh athair agus máthair slán ag mac nó iníon, go raibh a fhios acu an t-am sin nach bhfeicfidís arís go brách iad.

Segment 2

01:49:19

Watch Interview 2, in which Liam Ó Cuinneagáin explains what attracts so many Americans to the Irish language. Then go on to the notes and activities below.

Saibhriú focal

A. Watch the interview and find words and phrases that correspond to the following:

1. they are attracted to Irish
2. that arouses their interest
3. to go deeper into the matter
4. curiosity
5. place-names

B. *Eolaíocht* is the Irish suffix that corresponds to "-ology" in English. It combines with *miotas* to make *miotaseolaíocht* or "mythology." How are the following words combined with *eolaíocht* and what do they mean?

1. *tír* _____
2. *réalt* _____
3. *luibh* _____
4. *bith* _____
5. *modh* _____

C. The word for "folklore" is *béaloideas*. It also is a compound word. What are its two component parts?

Ó Ghaeltacht go Gaeltacht

Liam uses a few words you may not have heard before or may know in a more standard form:

Cluin. This verb has the same meaning as *clois* and is common in Ulster. Its verbal noun is *cluinstin.*
Fríd = tríd
Tig = tagann

Cultúr

Altán is a popular traditional group whose lead singer, Mairéad Ní Mhaonaigh, comes from Gaoth Dobhair in the Donegal Gaeltacht. Clannad are also from Gaoth Dobhair (their name is a shortened form of *Clann as Dobhar*). Their innovative approach to mixing Irish folk with jazz, rock and pop won them many admirers, and in 1982 they took an Irish language song into the Top Five of the British pop charts with their hit "Theme from Harry's Game." Enya was briefly involved with Clannad before embarking on a highly successful solo career. Her albums have featured songs in Irish, such as "*Smaointe*" and "*Oíche Chiúin*," an Irish version of "Silent Night."

INTERVIEW 2 Liam Ó Cuinneagáin explains what attracts so many Americans to the Irish language. ◆ Tá sé an-éagsúil ar fad. Tá sé ag an phointe anois nach gcuireann muidne an cheist ar dhuine cén fáth go bhfuil siad ag teacht nó go bhfuil siad ag foghlaim Gaeilge, mar bheadh an oiread sin cúiseanna ag daoine leis sin a dhéanamh. Ach mealltar iad i dtreo na Gaeilge is cultúr na tíre, sílim, á, fríd go leor rudaí. Tig daoine, mar a bheadh a fhios agat, duine . . . ó thaobh an cheoil de. Agus cluineann siad Altán nó Enya nó Clannad nó daoine mar sin ag ceol agus spreagann sin suim iontu. Á, miotaseolaíocht agus béaloideas na tíre. Tá an-mhórán daoine a bheadh ag déanamh staidéir ar Yeats nó ar Synge nó ar rudaí, ar litríocht Béarla agus bheadh suim acu dhul níos doimhne sa scéal. É sin agus daoine a chluinfeadh méid áirithe Gaeilge óna muintir. B'fhéidir seanmháthair is acu sa Bronx nó rudaí mar sin agus bheadh cineál hmm, fiosracht ansin, ag iarraidh greim a fháil air sin. É sin agus . . . go leor daoine eile, tig siad go hÉirinn, cuireann siad an-suim sna logainmneacha, á, stair na tíre agus tá siad ag iarraidh dhul níos doimhne ann.

Segment 3   01:50:28

Seán Tierney recalls his arrival in America in 1955. During all his years in the USA Seán has continued to study the Irish language. Watch Interview 3 and then go on to the notes and activities below.

Saibhriú focal

A. Watch the interview and find the words and phrases that best suit the following definitions in Irish:

1. *tús an lae*   __ __ __ d __ __
2. *ó thaobh amháin go taobh eile*   __ __ __ s __ __
3. *bóthar nó rud mar é thar*   d __ __ __ __ __ __ __
   abhainn nó thar bhóthar eile
4. *áit a gcuirtear cóir leighis ar othair*   __ __ __ __ __ l

B. The Irish definitions are from the short Irish-Irish dictionary, *An Foclóir Beag*, which is available on-line at http://www.csis.ul.ie/focloir/.

Write your own definitions in Irish for the following words from the interview. Compare your efforts with the definitions in *An Foclóir Beag*.

1. *scoil* _____
2. *uncail* _____
3. *suim*   _____
4. *álainn* _____

C. When describing his arrival at his uncle's house Seán says *Isteach liom* (In I went). This is much more idiomatic than *Chuaigh mé isteach ann*. Similarly one could say *Suas liom go barr an tí* (Up I went to the top of the building) or *Amach liom ar an tsráid* rather than *Chuaigh mé suas . . . , Chuaigh mé amach . . . ,* etc.

INTERVIEW 3 Seán Tierney recalls his arrival in America in 1955. ◆

Nuair a chríochnaigh mé an scoil in Éirinn, nuair a chríochnaigh mé an scoil in, in Éirinn sa bhliain míle naoi gcéad caoga a trí, chuaigh mé go Sasana ar feadh beagnach cúpla bliain. Agus ina dhiaidh sin, chuir m'uncail ceist orm, "Ar mhaith leat teacht go Meiriceá?" Agus, á, scríobh mé ar ais chuige, á, ar an bpointe agus dúirt mé, "Ó, ba mhaith liom sin." Mar, á, bhí suim agam ag na héadaí dathúla a bhí ag na daoine as Meiriceá a chonaic mé. Chonaic mé daoine ag teacht ar ais go hÉirinn agus bhí na culaith éadaigh go hálainn agus, á, ní raibh seans agamsa rud mar sin a cheannach. Agus, á, ar aon nós, chuaigh mé ar bord loinge, mí Iúil naoi déag caoga a cúig ar mo bhealach go Meiriceá. Agus chuaigh mé go Cóbh i gContae Chorcaí agus bhí na longanna ar stailc! Dáiríre! Agus, á, dúirt siad liom agus do gach duine eile go mbeidh orainn dul ar ais arís go, ár mbaile féin—mise as Contae Mhaigh Eo! Agus, ach, ar aon nós, bhí athrú ar an scéal maidin lá arna mhárach agus, á, chuamar ar long eile seachas an ceann a bhí muid cláraithe air.

Agus chuamar go Montreal, in ionad Nua-Eabhrac agus, á, bhí orainn dul ar an traein ó Montreal go Nua-Eabhrac agus tháinig na daoine ón *Cus-*

toms ar, ar bord i lár na hoíche agus bhí orainn á, éirí as an leaba agus an *passport* a thaispeáint agus rudaí mar sin. Agus, á, an lá . . . nuair a shroich mé *Penn Station* bhí m'uncail ag, ag fanacht á, ansin agus bhí aithne agam air ó phictiúirí a bhí agam sa bhaile. Agus bhí an carr aige agus bhí ionadh an domhain orm ag dul trasna á, an droichead—*Brooklyn Bridge*—mar ní fhaca mé droichead mar sin riamh. Agus is é an rud is mó a bhí ionadh agam faoi ná, nuair, nuair a shrois sé an teach, dúirt sé, "Seo é mo theach." Agus teach an-mhór é agus cé . . . ní fhaca mé *apartment-house* riamh roimhe sin agus cheap mé gur leis an teach ar fad. Dáiríre! Agus isteach liom agus bhí na doirse i ngach áit agus cén sórt teach é seo ar chor ar bith? Bhí sé cosúil le hospidéal a chonaic mé in Éirinn uair amháin. Ach ar aon nós, á, thug mé faoi deara nach raibh ach trí sheomra leapa acu agus nach leis an teach ar fad.

Segment 4   01:53:33

Eileen Zurell and Liam Guidry are members of Daltaí na Gaeilge, an association of Irish-language learners in America. In an interview with Seán Tierney they discuss learning Irish in America. Watch Interview 4. Then go on to the notes and activities below.

Saibhriú focal

Eileen mentions the word *líofa,* which translates here as "fluent." In the right-hand side of the column that follows are some idioms describing linguistic ability. Where do they fit in the fluency scale set out in the left-hand column?

Fluent	*tá Brid stadach go maith*
	tá measarthacht Gaeilge aici
Competent	*níl sí thar mholadh beirte*
	tá an teanga ar a toil aici
	tá déanamh gnóthaí Gaeilge aici
	ní bhíonn sí ag cuartú na bhfocal
Finds Communication Difficult	*tá sí ábalta í féin a chur in iúl*

An teanga

A. Notice that Liam says *oíche Déardaoin.* Normally one would expect lenition after the feminine noun *oíche*, as in *oíche Mháirt* or *oíche Dhomhnaigh.* However, the old Irish word *Dé* (day) is never lenited. *Dé* was also written as *dia*, which is the origin of the word *dialann* (diary). *Déardaoin* is exceptional because *Dé* is part of the name, as opposed to *Dé Luain, Dé Máirt,* etc., where it is separate.

One can also use the article to refer to the days of the week, but be careful to take gender and lenition into consideration. Fill the gaps in the list below:

- *An Luan*
- *An Mháirt*
- *An* _____
- *An Déardaoin*
- *An* _____
- *An Satharn*
- *An* _____

B. Eileen says *Is aoibhinn liom gach leibhéal*, which translates as "I love every level (of class)." The structure *Is X liom* is often used to express opinions or impressions, such as *Is maith liom, Is breá liom,* etc. Using the dictionary if necessary, find the meaning of the following phrases:

1. *is bocht liom* _____
2. *is oth liom* _____
3. *is iontach liom* _____

C. *Altachaí* is a very unstandard plural of the word *alt* (article). More common forms are *ailt* and *altanna.* Sometimes when two nouns come together, as in *deireadh seachtaine, damhsa céilí,* etc., people can be unsure which noun to make plural. Examples from the interviews include *damhsa céilithe* and *na deireadh seachtaine*. These should be *damhsaí céilí* and *deirí seachtaine*.

D. *Éire* is one of the few nouns to retain a distinct dative form after prepositions, e.g. *as Éirinn, go hÉirinn,* etc. See Aonad 14, Segment 2 for more information on words like *Éire*.

INTERVIEW 4   In an interview with Seán Tierney, Eileen Zurell and Liam Guidry discuss learning Irish in America. ◆

EILEEN: Bímse i dteagmháil le mo chairde in Éirinn—as Gaeilge, den chuid is mó. Agus, mar a dúirt mé, mo chol ceathrar freisin. Bímse, bímse ag cur nóta chuici as Gaeilge agus ag fáil nótaí ar ais as Gaeilge uaithi. *So*, is ea, bímse, déanaim an chuid is mó de m'obair ar an ríomhaire as Gaeilge.

SEÁN: Agus tusa, a Liam?

LIAM: Déanaim a lán oibre ar an ríomhaire i nGaeilge anois, mar gheall ar an teagmháil atá againn, á, na daoine anseo leis na daoine in Éirinn. Agus, á, is féidir linn dul ar an ríomhaire agus *Beo!* a fháil, mar shampla, i nGaeilge amháin agus na haltachaí a léamh agus Raidió na Gaeltachta, tá sé le fáil ar an Idirlíon anois. *So*, tá i bhfad níos mó, mó le fáil anois ná mar a bhí deich nó fiche bliain ó shin.

EILEEN: Bímse ag múineadh Gaeilge anseo ag na deireadh seachtaine den chuid is mó. Hmm, agus is maith liom na ranganna. Is aoibhinn liom gach leibhéal, *but*, hmm, ait le rá, dar liom, tá na, an leibhéal is airde níos fusa, mar tá Gaeilge líofa ag gach duine sa rang. *So*, níl ort a bheith ag míniú na rud, *you know*, na mionrudaí dóibh. *But* is aoibhinn liom a bheith ag tabhairt na teanga do dhaoine, go háirithe daoine nua. Mar, *I mean*, tá sí chomh hálainn sin agus, tá *you know*, tá fonn mór orthu í a fhoghlaim. *So*, is aoibhinn liom sin.

Seán: Cén saghas ranga a thaitníonn leatsa, a Liam, nuair a bhíonn tú ag múineadh?

Liam: Bhuel, bím ag múineadh anseo ó am go ham, agus sa mbaile bím ag múineadh Gaeilge gach Déardaoin, oíche Déardaoin, tá a fhios agat. Hmm, dáiríre, tá sórt náire orm faoi mar ní Éireannach mé agus níl mo chuid Gaeilge chomh maith sin. Ach ag an am céanna tá ceithre rang againn—ó bhunrang go hardrang. Agus ag an ardrang tá múinteoir as Éire againn, *so* déanann sé an-jab ar fad—fear darb ainm Seán Tierney! Ach seachas sin níl aon mhúinteoir eile as Éire againn, *so* tá orm é a dhéanamh. Agus rud gur thug mé faoi deara faoi ná na hÉireannaigh le Gaeilge, go gceapann siad nach féidir leo an Ghaeilge a mhúineadh mar ní múinteoirí iad, ach tá a lán níos mó Gaeilge acusan ná atá agamsa. Ach caithfidh mé mo chuid a dhéanamh . . . *so*.

Appendix
Interviews: English Translations

Aonad 1: **Ceantar dúchais**

INTERVIEW 1 I'm from Conamara, from the Conamara Gaeltacht—a little rural place, Béal an Daingin, which is situated in Cuan an Fhir Mhóir. The house in which I was born and raised is right at the harbor, just at the sea's edge looking out directly upon the Árann Islands and, as I look to the west, on Leitir Móir and the island of Garmna and to the east are Cuan na Loinge and An Cheathrú Rua. One of the nicest places on earth. As I said, it's a very small place—there's one shop and a post office, two pubs and about a mile eastwards there's one of the nicest golf courses in Ireland—Eanach Mheáin. People come—that particular golf course is very famous—golfers from all over Ireland, from every part of Ireland, come to play that golf course. Again, it's right on the edge of the sea, because we're surrounded by the sea. Then, looking across the harbor to Ros Muc, another truly historic place of course. Pádraic Mac Piarais stayed there and it's said that some of the leaders of the Easter Rising visited Mac Piarais while he was there.

INTERVIEW 2 I was born and raised in a place called An Tóchar, out in the countryside, about sixteen miles from here and, there's nothing out of the ordinary, as you might say, the usual thing you'd associate with any country place, with a townland, except that this is near the beach. And, very quiet, very peaceful—tourists come there during the summer because it's near Baile Thaidhg, that's a village which is famous for tourism, and another, Baile an Bhuinneánaigh—so the place is situated between those two towns, and as a result there's always tourist traffic, so to speak.

Beyond that, there's the farmers, and that's a change I've noticed now, that many new houses have been built in the place and that there aren't as many farmers there as there used to be—that's a change. So there are people now who work here, for example, in Tralee town, and who want to move out into the countryside, so there are houses there, built out in the surrounding area—many houses have been built there recently. So that's one change, that there aren't as many farmers as there used to be. I remember, say, when I was a young boy growing up, that you'd see horses and carts, that was the kind of, the kind of "traffic"—I was talking just now about tourist traffic, but you'd also see this traffic, a traffic of horses and carts and the farmers traveling to the *creamery*. But you don't see that any more. Ah, new, splendid homes have been built, the village is as charming and as beautiful as ever and the place is still very quiet and I really love that place.

INTERVIEW 3 Well, as you say, I was born in this area, the area of... Baile na nGall, the area of Carraig, Séipéal na Carraige, and that was back in the forties I suppose. And you could say that many changes have happened since then. The place has, I suppose, become richer than it used to be, because at that time there was... there was no work to be found in the area. Everyone had to emigrate, over to America or over to England, and few people returned. Life has changed greatly since then, in a great deal of ways, for example farming—it's changed, they are... dairying is failing. Fishing is being squeezed, I suppose, by quotas, quotas but even so there's a major growth in tourism and a major growth in the construction industry. And instead of people leaving, people are coming home, returning home and, hmm. So, those are big changes.

Aonad 2: **An teaghlach**

INTERVIEW 1 Yes, my own family. Well, I've been married for six years and I gave birth to a young daughter last March, so she is almost four months old, and it was a great change when she came into our lives, but she's lovely. And my husband, Frank, he's a native of County Meath but he works at sea, he works with a ferry company, and he goes to Dublin for a week and then he's at home for a week. And Méabh, as I said, she's four months of age and she's a quiet baby, she's good and she's full of fun, sort of, during the day, and she loves to, sort of, go out walking and . . . She's quiet, she's good, it's kind of easy to take care of her.

Well, I suppose, you hear, say, everyone saying to you, "Oh well, you won't get any sleep," and, "it will be very hard for you," sort of, and, "you'll be, like, awake all night," and I suppose that that was one of the biggest changes, rising at two o'clock in the morning and at four o'clock in the morning and at six o'clock in the morning. But after a couple of weeks, like, she settled down. So that was a really big change, like, the lack of sleep and the exhaustion that goes with having a young child. But now, I suppose, the biggest change we see is that there are three of us, like, you can't like take off to An Daingean when it suits you or you can't, kind of, go shopping. You have to remember that you have a young child and you have to, like, prepare for that as you're leaving, kind of. There's always a lot of bags or things to carry when you have a child and its difficult to, like, go about town in An Daingean and you see the places you could go into if you have Méabh with you and other places you can't go into with a little *buggy* or *pram*, like.

Hmm, other things, I suppose that it's still great to see her and the way she changes and develops each and every day, and, like, the satisfaction she gives us. *Yeah.*

INTERVIEW 2 There are seven in my family altogether. Ah, the two parents, two brothers who are older than me and two brothers who are younger than me. I'm the little piggy in the middle, as you might say. And my two brothers, they both work with computers. The eldest brother—Pól—he lives in Naas in County Kildare and then the second brother—Ciarán—he's five years older than me and he works with a small software company here in the city center here in Dublin. And then there's me and Caitlín, my sister, she's a primary school teacher, in a Gaelscoil in, well, the west of the city, or the west of the county—Lucan. And then there's the youngest sister—Ruth, or Ruthie as we call her—she works in a bank in the city center, a bank that principally deals with mortgages.

INTERVIEW 3   They are all good people. They don't do bad things and there's a certain love between all of us, there's no doubt about that. But because the personalities are so strong we tend not to live in each others' pockets, as you might say, at all. As opposed to my own wife's people. She's from a big country family and everyone in the family knows where everyone else is all the time. And you could picture them at night with a map and that they stick little pins into the globe, mapping where on the earth everyone is, because they are scattered across the planet. And any chance they get they all come home, like rabbits. That's not how we are at all. We stay apart until some big occasion comes along and then we get a lot of enjoyment and satisfaction from each other's company for a few hours and then we go our own ways. And that's what's best for us. That's the kind of family we are.

INTERVIEW 4   Now he's married and I had no small involvement in the matchmaking because, in Nepal, they don't like what they refer to as *love marriages*. The only marriages which are accepted are arranged marriages. And I remember when Prem was to be married that there were three women on the shortlist. His own family chooses three and I had to decide which of these women would be suitable for my Prem. The first woman I went to see had a cloth about her head and I couldn't see her face. Now I don't know if she had a deformity or a blemish of some kind, but she wasn't prepared to take this scarf from her face. And, well, I wasn't very happy about that. The second woman, she was lovely, but she couldn't read or write and that was one of the things that I wanted for Prem, that whoever I chose for him could read and write, because he is well educated. Then the third woman, she was lovely and she could read and write and I said to Prem, "This is the woman for you." And they are very happy together. They have, now, two children–a little boy called Presanth, and a little girl of five months now.

Aonad 3: **Obair**

INTERVIEW 1   Well, it's a café/restaurant and so, well, we open at eleven and are open for lunch and dinner. *So*, that means that I come in at half past ten to prepare for lunch, to write and change the menu, because the menu changes every day. We are very busy at lunchtime and then, about three o'clock, it gets a little quieter. But the dishes have to be washed and the evening menu prepared and then at six o'clock we're ready for the evening. And, usually, the kitchen closes, closes around nine or ten o'clock but if there's a crowd in who are eating and drinking it's often one o'clock in the morning by the time we're finished. So that's it, really, that's the kind of drudgery that goes on, but behind that is the accounting and that type of thing to be done as well. So, it is really hard work.

For me the greatest stress associated with the work is . . . money and always worrying, "will there be enough people in?" or, "will business be good this week so that we can pay people?" and things like that. *So we're still at that point, in the first year of business I suppose. So there is stress.* As well as that, you can get a customer, a bad customer, who is ready to complain about each and every thing. And often, you really can't do anything to satisfy that person. *So,* that's the greatest stress that goes with it.

INTERVIEW 2   Well, it's big change in terms of time because I don't have much time after work, for example. Today, for example, the Dáil is in session until midnight and there will be voting and I won't have a chance to get much sleep never mind anything else, because the Dáil will be in session again early tomorrow morning. And that's the kind of life it is. Certainly, there are holidays but, always, because you're in competition with other Deputies . . . if you go on holiday the other Deputies will be working and you'll be losing time and so on. And there's always that competition, if the Dáil is in session or if the Dáil isn't in session. There's always competition and work going on in the constituency.

INTERVIEW 3   Well, when I was at secondary school myself, I always thought that I'd like teaching, sort of, I liked the teaching occupation, I thought. And when I left school—I was only sixteen years old at the time and I had spent five years at secondary school—well, I tried the priesthood first of all and spent five years at Saint Patrick's College, Maynooth, as a clerical student. And it wasn't . . . I decided that, sort of, that I would leave for one year anyway and I began teaching then and I have been teaching ever since. And I think that it might have been in the family as well. My father was a primary school teacher and he spent, I guess, forty years teaching. And some of my brothers and some of my sisters also, they're teachers. And even in the summer now, for a few years now, I teach on Irish language courses for adults and for teenagers during the summer, and I enjoy that an awful lot. And I suppose, since you're working in education during the rest of the year, and you do it throughout the summer as well—well, I guess, you say to yourself, "Well, that's your profession. That's what . . . that's what is right for you."

INTERVIEW 4 Well, usually, I'm involved with sports programs and news programs and current affairs programs. I have one sports program called *Spórtiris na nÓg* (Youth Sports Magazine). It caters to the interest young people throughout Ireland, indeed, have in sports. I go into Gaelscoileanna and meet with them and they describe for me an All-Ireland football tournament they may have won, or a boxing cup they have won lately and that kind of thing.

As regards news, I often do *Nuacht an Deiscirt* (News of the South) and I work on the *Nuacht* (News) and I talk to the people of Na Déise and the people of Múscraí, getting stories and preparing stories for them and editing them and putting them out on air. And as regards current affairs we have a program here of course, *An Saol ó Dheas* (Life in the South) on which I'm the anchor now and again and that's a chat and discussion program which gives the people of the Gaeltacht, especially here in the south, an insight into what's happening in their own area.

Aonad 4: *Caitheamh aimsire*

INTERVIEW 1 Ah, I like to shop. I enjoy that a lot. It helps me in terms of stress and if I'm under pressure I like to go out to the shops. And as well as that, I live beside the sea and I go swimming regularly. Especially . . . in the summer mostly but I go out from time to time in the winter also. I enjoy walks a great deal, and I do a lot of reading. I love thrillers and novels, a lot of biographies as well. *So*, I like reading a lot. But I'd say that shopping is what gives me the greatest relief.

INTERVIEW 2 I'm a member of a drama society. I started this when I was living abroad. And although I was always interested in drama I was never a member of a society here in Ireland. But when I was abroad I was invited to take part in an English language drama group, abroad. And then when I returned to Ireland I thought that it'd be nice to join a drama society here in Ireland. And *so* I sing, I act and, now and again, I dance. We stage shows, musicals mostly. The popular musicals that get staged a lot—mostly American ones.

INTERVIEW 3 I love walking. A year and a half ago I had health problems, even though I said just now that I live by the beach. Anyway, a year and a half ago I had health problems and the doctor advised me to walk on the beach and I said, "I'll do that," but I did so reluctantly . . . that was how I did it initially to tell the truth because . . . I didn't enjoy it. But then, after three or four months, it got a hold of me and now I crave it. The day I don't get a walk, I'm not myself, I feel kind of miserable or . . . But, certainly, then there's music. I love . . . I can play music. I play guitar—I was never good at it, but I love to listen to music. Music from other countries and classical music as well. Especially African music. I love that.

INTERVIEW 4 Well, people think when they see me, sort of, always running about, that I have no hobbies but the opposite is the case. I like now, for example—my wife and I walk a lot. It seems to me that we're lucky here in north-west Donegal, that there are lovely walks. We spend the summer now . . . yesterday afternoon my wife and I, and Neasa, my daughter, we walked for about an hour and a half. One of the nicest walks you could find, leaving the harbor at Machaire Rabhartaigh and walking for about three quarters of an hour across—there's a great sandbank there—towards Corrán Binne and back again. And I go myself, I go walking, often after the school day during the winter up . . . we have a kind of circle in Gort a' Choirce there up the mountain road, and that takes about an hour and a quarter.

And I like walking now and I play bad golf, but I like, I like golf as well because it's outdoors, and I like to do a little gardening about the house. And I enjoy holidays a great deal. I like to get away. I like to get away from home and, like any holiday, you enjoy going and you enjoy coming back home. But it's important to take a rest even if . . . it might only be half an hour watching television or maybe . . . reading the newspaper at home or something like that. But it's very important to rest.

INTERVIEW 5   Oh *yeah*, I was always interested in family trees. Well, my people come from this district, on both sides. And Máirín here, my wife, her people come from the area too. *So* it's very interesting to follow the family tree back as far as possible. And we have an advantage in this area because the baptismal books are in the parish church here, it goes back to about the year 1803. *So* that's a great resource. But the problem with those books is actually accessing them and they aren't . . . they aren't publicly available to a high standard as yet. *So*, that work is going on at the moment. But it's very enjoyable work and you find out about peoples' lives . . . the social history, that many children died, and emigration and so on. *So* it's very interesting. *So* I have a computer program there which is very good indeed. It can keep an account of all these people and how they were related and so on. *So* it's very satisfying because our roots are in this area and we can follow the various families back as far as one can go. It's hard to go beyond the eighteenth century, because there are no sources.

Aonad 5: **Saol na cathrach**

INTERVIEW 1   Well, it's very difficult for me to answer that question because when I go home for the weekend, for example, I am so happy to be home and I love the fresh air and meeting all my relatives and being by the sea. I know that I'm by the sea in Dublin, but I never feel as if I'm by the sea living here in the city. *So* whenever I'm at home I feel like moving home but when I come back to Dublin I say to myself, "What strange notion came over me at all, to think that I'd be happy living at home when I love city life as well?" *So* I'm kind of "pulled" between the two places. I'd love to organize my working life in such a way as I could spend six months working at home and six months working in Dublin and then my life would be perfect.

INTERVIEW 2 There are many, oh, a great deal of changes. Things have got a lot better than before. For example, the buildings. There are a lot more houses being built and many more houses and everything being built now. The traffic also, it's very bad. But, for example, the roads as well, they are, they were fine a while ago but now there are too many cars and there's a lot of traffic coming from abroad as well. It was interesting, a couple of years of ago, many Irish people were going overseas but now many foreigners are coming here. And it's interesting that life is changing. I notice that a lot here in Dublin. Yes indeed, and I don't know what will happen in the future but I've seen a lot of changes in the last while. Yes indeed, but you know, when you see them every day you don't notice them immediately. But even so, the traffic, maybe, is what's worst for me. I spend long hours in my car and I have to eat breakfast in my car and bring something to drink while in the car because we practically live in our cars. Brushing my teeth in the car even! We practically live there. Yes indeed.

INTERVIEW 3 Well I suppose . . . I've lived in Dublin for the last ten years and it has changed greatly from when I first came here. Hmm, and there are advantages and disadvantages associated with those changes, really. I love the way it's so multicultural now, that you can walk out onto the street and eat Italian food or good French food and there are different pubs and music from every part of the world and so on. I love that. I love when you walk down the street—there's a certain *buzz* in the place. I like these people, the foreigners coming and enjoying the city. I suppose that there's a lot more money in the city as well and that's a good thing. The transport system has improved slightly—the buses, we have Luas now. Things like that. That, *you know*, is a big help and I like it a lot.

I suppose that . . . maybe I'm getting a little older and I'd rather, and especially after having lived in Mexico, I love the quiet that goes with, *you know*, living in the country. Sometimes the sheer numbers of people gets to me, the pressure that goes with that. Even, you want to go shopping on Grafton Street, often there are just too many people. I don't have a car in Dublin and I'd hate to have a car to be honest because I've heard . . . the number of people who spend three hours of their day in cars going to and from work and coming back. I think that's an out-and-out waste. So that's the main thing, I suppose, that annoys me about the city.

INTERVIEW 4 It's changed quite a lot. The community and population have increased greatly. The population has increased. The population is dispersed differently as well. When I came here at first most of the population lived in or about the city center. Now the suburbs outside the city center have grown to a similar great size and big shopping centers have been built out there as well. As well as that the traffic situation has worsened. Ah, traffic . . . it's very hard now to get from place to place, from one side of the city to the other. It takes far longer than it used to, let's say ten years ago. Even though, I'd say, the city is addressing the situation, buses are a little more regular than before. The Luas system, the new transport system, has changed peoples' lives in that it's much much quicker to come from, let's say, County Dublin, into the city center. *So* it's changed in that regard as well. Good things and bad things have happened.

Aonad 6: **Teangacha**

INTERVIEW 1 Well I suppose that their attitude towards the Irish language changes. As well as that, and maybe it's a bit controversial to say this, but Irish isn't taught in a very effective way in the secondary schools and, because of that, a great many Irish people can't speak Irish after leaving school and they have a negative attitude towards it. And while they are in school, I suppose, Irish is nothing more than "a school subject" and maybe a pretty boring one at that. But then, when they leave school and go out into the big world, perhaps they see that this language has a value, that it's part of our culture rather than a school subject and that it has got vitality and . . . so they become interested in being able to speak Irish themselves.

INTERVIEW 2 I did. We had our own summer college, I mean our own . . . the school I attended, my own secondary school, along with another secondary school. Ours was a boys' secondary school and there was a girls' secondary school close by to us. And the two schools used to go together to a summer college in Conamara. Ah, I suppose, I share the same memories with others who attend summer colleges, that it was a period when you grow, when differences come into your life. Of course you get to meet girls, and I suppose that's prevalent nowadays. But, in those days, it was a matter of freedom. It was freedom from your parents and from your family. There were responsibilities as well but it was a completely new thing, to travel without your parents being with you. The freedom that went with that. Challenges as well! You were away from home for perhaps three weeks or for a month. And of course you were in a very different place because I was born and raised in the city, and while at summer college I was out west in Conamara, in the country, but with great people and a great life. And although I'm absolutely certain that it poured rain during the entire month, you always remember the days on the beach and days full of sunshine.

INTERVIEW 3 There are, indeed. They say "dialect" in language, in spoken language, but I wouldn't say that sign language has complete dialects, but there are differences in vocabulary. For example, this word . . . *hearing* or someone who is not deaf—let's put it like that. For example, in Kerry now, that sign is used. In Cork, they tend to use that sign. But here in Dublin, it's the sign you saw there. It depends on age as well. Young people have a different style to older people. And as well as that, there's a big difference in how men and women express themselves. For example, the days of the week, there's a difference between the men—this is the mens' sign now, and the other one.

Because schooling was separate for boys and girls, and the schools had a great deal of influence on that. For example, the boys attended one school and the girls another and there were almost two languages, in a way. It also depends on who your friends are and who you mix with. There are differences in the language. One can see it in individuals, but it's hard to say what exactly the differences are. But there are differences. Yes indeed, but it's hard to put your finger on it, precisely.

INTERVIEW 4 Well I didn't have too many difficulties with them because Raidió na Gaeltachta was always on in our house. It was always playing in the background, and although Gaeltacht people have a habit of turning the radio down a little when news from other areas comes on, even so it's in the background and you hear it. And when I went to Galway—I was studying Irish in the university there—and most of the people working there were from Conamara and I was listening to the Conamara dialect all the time and I had no contact with the Ulster dialect until I went to Dublin and started working in the university there. And I was totally surrounded by Ulster people and it was a little bit difficult because the rhythm of the language is very different and some of the vocabulary is different and things like that.

But at the end of the day it isn't that different. There were a couple of misunderstandings, true enough, when I began working. For example, there was one girl from Gaoth Dobhair—Nóirín—and she was working there in the language lab and one day she says to me, "*Ó, tá mo sciathán nimhneach*" ('my arm is sore')." "*Nimhneach*," she said. And this surprised me because in the Munster dialect that means "poisonous wing" rather then "sore arm," do you see? So that was kind of funny, those misunderstandings. There were a couple of other things. In the Munster dialect we say "*láithreach*" and what we mean by that is "in a while," but in other dialects it means "right away," "immediately." *So* things like that are kind of funny, because others don't understand, maybe, the different meaning it has.

Aonad 7: **Daoine**

INTERVIEW 1 Well, a good friend—one you can go to day or night if you're in trouble and know that you'll be welcome and that that person will give you advice that will benefit you, no matter . . . whether or not it's the advice you want, but that he'll give you advice that will benefit you. Ah, that you can always depend on that person. That you don't have to be in regular contact with that person but that you know, when you make contact with the person, that that person will be there for you. That's what a good friend is, I'd say.

I don't go out of my way, I have to say, to stay in contact with friends, but I love seeing friends. And I'd say that the friends you make in your youth, even if you don't see them for a couple of years, it's very easy to get to know them again and, kind of, to restore the old friendship.

INTERVIEW 2 Well I grew up with Father McDyer all around me. My father was a local journalist, writing for local newspapers and for the *Irish*

Press in Dublin, and Father McDyer was a big story and he earned a penny or a pound or two for my father and my father managed to draw attention to the place with McDyer's help. A very attractive person, *charismatic* certainly, and that's a kind of *cliché*, but a very tall man, handsome, strong. A strong voice, strong in himself. A thousand thoughts every moment. He only managed to put some of them into action. He didn't have strong financial skills, in terms of financial management and so on, but he had strong skills in terms of coaxing people to help him. He established an unique infrastructure which still remains. When you think—An Clachán, which is down the road here, *Father McDyer Folk Museum*—that is still the main tourist center in this part of the country and it was built forty years ago. I was one of the first guides there and I was thirteen at the time. But he was a remarkable man.

INTERVIEW 3 Now my mother, she was fascinated by the fairies. She had no education. She couldn't read or write but she a great knowledge of the fairies and I was raised in a house that was under the spell of the fairies. I remember when my mother would wash the dishes. At that time we had no water in the house, we had no running water and she used to have to wash the dishes in a basin. And when she had washed the dishes and went to throw the water outdoors she would always stand in the doorway for a short while, in case the fairies would be going by and, if she threw the water on them, they would be very displeased.

That kind of ceremony was very important. And . . . she wouldn't allow my father to cut down a tree or interfere with thorn-bushes or to move any large stones that were about the house, because those were fairy dwellings. And she paid a lot of attention to that kind of thing.

INTERVIEW 4 Recently I made a list, for my own reasons. I was doing a little reading about teaching and education and one of the questions posed in this particular book I was reading was to think back on teachers you had yourself. And I made a big, long list of all the teachers I've had: primary school teachers, secondary school teachers, university teachers, teachers I've had on little language courses I did, every kind of thing. And I was able to say about—and of course this is just my own opinion—I was able to say about many of them that they had fine qualities, that they influenced me greatly as teachers but, in the vast majority of cases, that they had bad qualities as teachers, and perhaps as people, that detracted, somewhat, from what they had done for me as educators. And, for example, I remember a particular teacher I had at one point of my life and, although he was not a designated teacher of music or literature and although he wasn't a language teacher, this teacher always showed an interest in European languages, in literature . . . literature in English, in Irish or . . . literature in general, and he used to read literature to us in class. And he was a great man for music, a great man for teaching songs from other countries. I have a few songs in languages I don't know at all, because of him and because of the efforts he made. And I have to say, "Well, he was great educator."

But in many other ways, in my opinion, he was perhaps someone who damaged people because I don't think that he had an appropriate personality for dealing with young people, with very young people. And I think that this man had problems of his own. And that that detracted from the education he provided.

INTERVIEW 5 Well a good thing about Oideas Gael is that when someone comes and enjoys it, usually they will come back again and again. For example now, *An tSeachtain Teanga is Cultúir* (The Language and Culture Week)—the same people have been coming to that course since I started in 1991. And over the years a great many friends call, "When is Seán coming?" or, "When is Nóra coming?" And they all come back together again. And, as well as that, a few people who met here have married. Liam, Liam himself, Liam Ó Cuinneagáin, met his wife here at a course in Oideas Gael and even this week we have two new "couples." *So* you'd never know in the future. We might have another wedding or two.

Aonad 8: Taisteal agus cultúir eile

INTERVIEW 1 Yes indeed. Although I had read a lot about Jewish culture and about the *Shabbat* and so on before I went there. I was invited to a *Shabbat* dinner in the house of a prominent scholar—I won't mention his name. And I was on tenterhooks, and I was preparing for it and so on. *So*, I went there and there were many other guests, from America, there was a group from Philadelphia, I remember well. *So* anyway, we were there and there are particular ceremonies, rituals associated with the *Shabbat* and one of them is that you go and wash your hands and so on. *So* I did so in the kitchen, along with the other guests. And we came back then and sat at the table. And after that there was silence, and this silence is part of the ceremony, part of the ritual. But I was very uncomfortable with the silence—that's a cultural thing—and I asked this guy, "How's the weather in Philadelphia?" And I knew, I had broken the silence, this religious, holy thing. And there were children there, the grandson and granddaughter of this great scholar, as you might say, this academic. And they began to laugh straight away because they understood "this is a blunder made by an adult." *So* they lapped it up, and I was mortified, mortified! And it got even worse after that. I spilled wine at the table, this is the *Shabbat* wine. So really now, I had made a great, great blunder. But I felt bad and I apologized, but they understood, they understood. But that was a *faux pas* if ever there was one.

INTERVIEW 2 Well I was always interested in travel and going to different countries and meeting different people and so on and so forth. And one day when I was small I saw a picture in a magazine, I suppose it was the *National Geographic*, a picture of Machu Picchu in Peru. And when I saw this picture I thought that the place was magical and that it was lovely and I told myself that one fine day I would go to South America to see this place. And so, when I was going to University, I said to myself that I would learn Spanish to that I'd be able to travel to those places. And when I had graduated and saved a little money I set off for Quito, in Ecuador, and I spent two months teaching English there. And then, when the two months were up, I said to myself that I'd travel around a little, and I went up to Columbia and Venezuela and then, finally, I went down to Peru. But by that time I hadn't enough money left to go down to Cuzco, the nearest city to Machu Picchu. I hadn't got the money and so I had to turn around and go home. *So*, in the end, I never saw Machu Picchu but it doesn't matter—I had seen so many wonders by then, and so many nice places. I didn't care that I hadn't seen Machu Picchu and maybe if I had have gone there that all the magic of the place would have disappeared, because a great many tourists go there and, I've nothing against . . . I was a tourist myself. But I didn't care that I hadn't seen the place. Maybe I'll go back again some other day and see it.

But the people of South America are very nice. They have a great spirit, great soul and they are very friendly. And I noticed while I was over there that there are, kind of, two different cultures, that the people of the Andes are different to the people of the coast, that they were a little more serious, quieter perhaps, and that the coastal people were, kind of, you'd see them dancing and drinking and having fun and things like that. *So* there were, kind of, two different things and both of them were very nice.

INTERVIEW 3   Well I suppose, like many people in Ireland they go abroad, like, for a year or maybe more. *So* I made the trip to Australia and I made the trip to New Zealand and we spent a couple of months in Asia, kind of, traveling about during the same trip. And we spent a month in India and that was very interesting, for instance, it was very different from any other country. Like, we saw, I suppose, *just*—nothing will ever prepare you for traveling to India. It's a very fast country, it's a country full of people. So that was very interesting, going to India and seeing that. There was a lot of poverty, which is something you always hear about India and it's true, it is a very poor country. But, I suppose, on the other hand, there is a lot of wealth there also. *So* we saw, like, the two sides of that. Ah, as well as that, a couple of years ago, perhaps four years ago, I went to South America and did a little traveling in Peru and Ecuador and that was fantastic. It was very interesting too.

Aonad 9: Cúrsaí spóirt

INTERVIEW 1   I suppose that we were born and grew up with Gaelic football and hurling and, especially in Dublin, you're mostly involved with Gaelic football. My people always had it. My mother had it, my father had it. It was always our way to be involved with the local club, and of course it was in school as well. The teachers were always happy to wait after school and put together a football team and have a few games. And of course we used to go to local grounds and games, and to Croke Park, when I was young.

INTERVIEW 2 Well personally I don't think that Gaelic Athletic Association players should be paid. It's really a privilege to play for your county. Certainly, everyone sees, every Sunday in summer, they go into Croke Park or Fitzgerald Stadium or Semple Stadium or places like that, and they see the crowds gathered there, having paid good money at the gates. But I suppose that all that money goes back to the Gaelic Athletic Association, for development and youth development. And if you go around the entire country, in any small town throughout the country, you'll see well-maintained grounds on which a lot of money has been spent, and that's were the money goes. Undoubtedly players make great sacrifices, but they enjoy it, they get great satisfaction from it, and it benefits them as well. The big-name players who are playing currently are known throughout the country and they benefit from playing with their county. *So* although it's a big sacrifice it's also a great privilege.

INTERVIEW 3 There always was a certain violence, I suppose, with the Gaelic Athletic Association. People still complain about a lack of discipline on the playing field. And there is, if you compare it to the soccer in the World Cup. There's a lot more discipline there, on the playing field. Not every player, *now*, certainly, but in general. If you compare that to an ordinary game of, say, our own football, there's a lot more violence, and we had a little story about that.

We used to go to Croke Park a lot, because we come from that part of Dublin. And we would go to the hurling matches because my father is a great hurling man. And there was a professor, a Gaelic professor—not an Irish language professor now, but a Gaelic type who was a professor in a certain college—and he was a big figure in our household. When he came visiting we would make a big deal of him and he was godfather to one of my sisters. And we used to be horrified, appalled, to hear him in Croke Park: "Why didn't he hit him in the ribs? He should have hit him in the ribs!" And that wasn't my father's attitude to sport at all and it was an eye-opener for us, as children, that there was this other version of the game in which violence and vengeance were valued, and pre-emptive vengeance at that.

INTERVIEW 4 No, because things are different now. When we were growing up there wasn't so much emphasis on pubs and drinking. Now there is.

And although he has a lot of things to do during the summer, there are a lot of summer camps, there's a college in Teileann, the football . . . thank God, he's massively into football, but nothing happens during the winter. There was a youth club, certainly, but that stopped because of rules and insurance and all that, and there's nothing for them to do in the winter. And that's a bad thing I have to say, because the only thing they can do is go to the pub and, maybe, play snooker or pool in winter.

INTERVIEW 5 Well, walking I suppose. There are many mountains and hills in the area and I suppose I used to do more walking there. But now, sort of, I do more routine walking on the roads, but it's nice and quiet and you can walk here without too many cars. A little reading now and then when I get the chance and as well as that I go to sea—we have a small sailboat or "yacht" and we do a little sailing in that now and again. I used to, I suppose, I did a little sailing last year and my husband is very much into it. He loves to work at sea and to sail. And, I haven't had a lot of experience, but I *just* like being at sea and I like being on boats.

Aonad 10: **Tuairimí 1**

INTERVIEW 1 I suppose . . . there is another question that you might ask me concerning the environment and it's about fur coats, perhaps. It's one I researched a long time ago, for myself, because I felt that people were becoming rather too worked up about it. *So*, I researched it and I discovered that, the artificial fur coats you get, when they are being made, it seems, they put more harmful things into the air than the natural material ever would. As well as that, I found out from others that skills associated with making fur coats were disappearing and that they weren't being renewed and, because of that, a lot of families were not only out of work, but had taken up things which could do a lot more harm to the environment.

Then there are issues related to cosmetics. I wouldn't like to think that any animal would be in pain because of any cosmetics that I would put on and sometimes I'm between . . . I don't ask the question for fear of being told the answer. As regards animals being used to find cures and suchlike, again there's a question mark. Which is worse, animals who are bred and,

I suppose, kept in better conditions than they would have in the wild, perhaps. And to compare that with someone dying. And those are very hard decisions to make. So I go from one side to the other just like the average person, I suppose.

INTERVIEW 2 I think there's a famine. There's a spiritual famine, in many ways, and people read the newspapers, for example, and you see articles about *yoga* and *meditation* and how to be at ease and if you're under pressure what you should do and many courses and holidays focussing on peace of mind and all that. And I believe that the churches have a great opportunity to adjust to the current generation and the kind of life people have. It's very important to me that I have a Bible, that I'm on the train in the morning, reading the Bible. Although someone said to a friend of mine, "I'm not voting for that man because he's a Bible-reader!" And maybe there's an opportunity for me to zero in on those people who like the Bible. But at the same time, it's part of my private life, and I know I'm speaking publicaly about it. But it's an important thing for me to be active, because I believe I'm doing something for the good of the world and for the good of the individual. And I'm comfortable with that.

INTERVIEW 3 I have a great empathy with Buddhism. I like the way Buddhism cherishes everything, both great and small. The tree on the hill, the insect in the air, God in man and man in God. And how everything is interconnected. And of course, you'd never meet an *extremist Buddhist*, as you might say. They are always gentle, at ease with themselves, in tune with themselves and, because of that, in tune with other people, in tune with their environment and in tune with God, whoever he or she may be. I like that kind of faith, and a faith in which one can laugh. I feel, *you know*, I feel that it's important to laugh about yourself and many of these orthodox faiths have no interest at all in laughing at themselves, everything is so serious. The Buddhists accept all the other faiths. They have no fear of other faiths.

Aonad 11: **Oideachas**

INTERVIEW 1 Well, I went to a boarding school here, which is fairly close by—Coláiste Íde. And I went there for five years and it was lovely, it was great, but I don't know if I'd send my daughter to a boarding school. Sort of, it was difficult to be, perhaps, living very close to home and not being able to go home. So that's maybe one thing I wouldn't do. Apart from that I don't think so. I received all my education through Irish. I went to Coláiste Íde, that's an Irish-medium secondary boarding school. And then I went to University of Galway and did a degree in Irish and Geography and I did that through Irish. *So* I don't see that that would change. I'd leave that, kind of, if that's what Méabh wanted to do. And now, even, there are many more choices—additional courses through the medium of Irish and *like*, that opportunity is there if she wanted to take it. As well as that, I suppose, the primary school beside us here, it's a very good school. It's very small and we were lucky, I suppose, to go to school there. There were only eight in my primary school class. *So* Méabh will be lucky again. She is fortunate, I suppose.

INTERVIEW 2 But then I went to another school—a technical school in Gort a' Choirce. And there was a remarkable emphasis on the imagination in the technical school. You wouldn't associate a technical school with academia or the imagination, because those schools emphasized woodwork and metalwork and practical subjects, but this little school I attended was just fantastic. The first day in that school changed my life completely. A young teacher, the English teacher, came into the class. He read excerpts from some work in English and then he looked around the class and said, "*What do you think of that?*" I had never been asked that question, at primary school. What do you think of that? And what this particular teacher was doing—his name is Tomás Breathnach—what he was engaged in were like *therapy sessions*. He gave all of us confidence to stand on our feet and to face the world positively. And that was a lesson that effected me greatly and gave me self-confidence and gave self-confidence to the other students who attended along with me. We used to do plays and debates and all sorts of things, at the technical school.

INTERVIEW 3   And when *Riverdance* burst onto the cultural stage, and when the Celtic Tiger burst onto the economic stage, for example, people began to say, *you know*, "There's a language, a culture here." Especially *Riverdance* and the cultural thing. And although they didn't have the language themselves, that's the most incredible thing about it really, they wanted their own children to receive an education through the medium of Irish. And not only that—but often they succeeded in establishing these schools against the will of the state.

You know . . . from talking to the headmaster of the school that Aisling will be going to, with God's will. It was mostly the parents who established and who always establish, Gaelscoileanna and they pay out of their own pockets to do so. And they have meetings late into the night often during the week and they write letters and submissions to the Department of Education and they don't always get a quick answer or anything of the sort. So they put a lot of personal effort into this work. To ensure that their children will have an opportunity that they didn't. And it is *just* incredible, the way they may not have fluent Irish themselves but they're willing to put so much effort into this project. And then, of course, what often happens is that when the school is established and the children are going to the school, they look for Irish classes for themselves at night, so that they'll be able to help the children at home with homework and that kind of thing. So, the growth of Gaelscoileanna in this country is a remarkable, incredible sign of hope, I believe.

INTERVIEW 4   I think that education never ends, whatever kind of education may be involved—there's a lot to learn. But I'd like to do a doctorate, probably in the coming semester. I completed a masters a couple of years ago but I'd like to continue and get the doctorate.

And what subject?

Luckily enough, the Ulster dialect. I'm very interested in the Ulster dialect and I'd like to do more research on that. I think, maybe, that not many other young people in the area are interested in the dialect and in preserving and advancing the dialect. I think that's important because here in Conamara there's a lot of research and work being done on the dialect here in Conamara and that's very apparent, as you might say.

Aonad 12: **An timpeallacht**

INTERVIEW 1 This country has made great progress in the last few years and we hear statistics about Ireland and the environment and people saying that we're ahead in certain areas, in recycling. But it's clear that my generation don't have the same mentality or view as people of the same age in other European countries, for example. We don't have the procedures, the practices, for example, to save paper and recycle properly. With things like paper used to wrap food and so on, to save that and reuse it. We don't have those procedures in this country. I think that the young generation have a lot more experience and I suppose that they have had a lot more instruction in these things and that maybe, in ten years time, or fifteen years, things will have greatly improved. But in terms of the environment generally, the Irish aren't as good as [Continental] Europeans.

INTERVIEW 2 But, as I say, I grew up in that way and, because of that, I hate to waste anything. And I try to make sure that everything is used a second time. So the house is full of paper and Christmas trinkets and so on—they are kept from year to another. When the children say to me, "For God's sake get new ones," I say, "But there's a history connected to that," and so on. *So* one can go overboard with that type of thing. But that's the first thing. The second thing then is that I take very seriously the business of sorting things, not to mix cardboard and cans and glass and all that kind of thing. I'm very conscientious about that as well. Having said that, I have a car. *I mean*, that has to be said and I feel that the car is needed. Maybe it isn't but I feel that it is anyhow. *So* I wouldn't be doing my utmost, perhaps, in that regard.

What else can I do? I keep a garden as well and I grow things like rhubarb and suchlike. On the other hand, one must be sensible. You could spend your life growing these things and take jobs from people in North Dublin here who do so on my behalf so that I can go into a shop and buy them.

INTERVIEW 3 I do, I do as much as I can. We're fortunate again in that the local Council have a service. There's a big container—a grey bin and a green bin. And the green bin, they make it quite easy, in a way, because you don't have to separate the various materials. You can put in cardboard, plastic bottles, paper, magazines, things of that kind and *just* throw them on top of each other, no problem. And you put in . . . you put that bin out once a month, once every four weeks, on average, and they pick it up . . . that's one way . . . Sorry–you can't put plastic bottles in that bin, *so* we have to put them, to go someplace, the Council has a few centers, near to the local shopping center, for instance, or close to playing fields. And you can place your plastic bottles there, glass bottles also and that's the two things. You can't put those out with the green bin.

Ah, what else do I do? The little hints that you hear all the time on the media. For instance, be sure to switch off the television, that it isn't even on *standby* at night. *You know*, I switch off the television every night and I irritate my workmates here in the office. As soon as everyone leaves the office, I switch off the light. And when they come back, if the light is off, "Oh Tomás was here, because he switched off the light!" So, little things, little things like that. And as well as that, like the rest of the staff here, I always make sure to make double-sided copies when I'm photocopying, to ensure that paper doesn't get wasted. And of course, for many reasons, environmental reasons among them, I leave the car at home. Especially when I used to work on the other side of the city. At times I'd have to bring the car with me, if I was carrying a bunch of scripts to be corrected or things like that, projects to be corrected. But now that I work in the city center I always take the bus and I never really take the car unless I'm traveling down the country. And, *you know*, if I'm pressed for time and the bus timetable doesn't suit me. So then, kind of on environmental grounds and as well as that for the sake of . . . it's not worth it to bring the car into the city center because it would take me twice as long to reach my destination if I wanted to bring the car with me.

Aonad 13: **An Ghaeltacht**

INTERVIEW 1 It won't. It's unlikely that any language community will survive without the native language, say, being spoken somewhere central, as it is now in the Gaeltachtaí, or in some of the Gaeltachtaí. I'm not saying that Irish is as strong or as widespread as it could be in the Gaeltachtaí.

But at least there is a Gaeltacht, and it's identifiable as a place. And that gives a kind of encouragement to the language community outside the Gaeltacht. Now there are language communities outside of the Gaeltacht as well and these are of great importance. But, to some extent, historically, they depend on the Gaeltacht. And that's interesting. And there are communities outside of this country as well, and we often forget them, for instance the community in America, in Canada. They are there, they are very small, very dispersed as one might say but they exist and they also depend on the Gaeltacht. And even, I'm an Irish teacher and I'm always trying to prepare learners for involvement in the world of the Irish language. You tell them about the Gaeltacht, the Irish language community, where the language is visible as you might say, where you can carry out your business, credibly as one might say, through the medium of Irish.

INTERVIEW 2 Well, many of the Gaeilgeoirí who used to visit us in times past were quite fundamentalist about the language. Ah, "Wooden Book-Irish"—I often heard that said. That's what the locals would say. I remember someone using the word *"cuisneoir"* once when they came to visit us. And this man said, "I don't see any *cuisneoir* in the kitchen here." And my father was curious as to what kind of contraption that might be. He didn't know, until I explained to him, that it was a *fridge* —something we didn't have.

Of course, I like the word *cuisneoir* now. I like the way words like that are . . . expanded, that one uses *cuisne*, a word associated with frost, and that its meaning is extended in that way. I think that it's a good word. But the local people, of course, haven't got a clue about those words which were made up.

INTERVIEW 3 I advise people to go to the Gaeltacht, even though Irish is very much alive here in the city, and people say that there are more Irish speakers in the city than in the Gaeltacht. I don't know if that's true or not, but I think it's a good thing to go to the Gaeltacht as well, because there the learner sees people speaking the language without, kind of, thinking about it or thinking, oh, *you know*, "I'm doing this for the sake of culture, of for the country or for anything else." They're simply going to the shop or sending the kids to school or doing ordinary day-to-day things like that, and they happen to be doing them through the medium of Irish. And it's good to understand these things.

And does it give encouragement to learners to go to the Gaeltacht and see that this is a living language?

It certainly does. Without a doubt, and they see that it is a language and that, at the end of the day, although Irish is massively important, and that it's part of our culture, it's only a language at the end of the day. And it's very important to understand that—that there are people in the Gaeltacht who have no interest in those things they should be interested in, that other people think they should be interested in, like a certain type of politics or a certain type of culture or music. But that these people live through the medium of Irish without thinking about it, and it's a very natural thing for them. *So* that's important.

INTERVIEW 4 The station Raidió na Gaeltachta was founded in 1972 to meet a demand from the Gaeltacht community for a radio service through the medium of Irish. Until then there was only an English-language radio service. You could, I suppose, say that it serves three main dialects. Firstly, Donegal, the Tír Chonaill dialect, as you might say, the Galway dialect and the dialect of Munster here. We here in Raidió na Gaeltachta in Kerry serve the communities of An Rinn, Oileán Chléire and the Gaeltacht communities of Múscraí and Corca Dhuibhne as well as the southern Gaeltacht in Uíbh Ráthach.

Well, I suppose it provides them with a service, it provides them with information about what's happening in their own area and it also helps them get to know the people of the Gaeltacht throughout the country. Comórtas Peile na Gaeltachta does so also, certainly, and Oireachtas Náisiúnta na Gaeilge as well, but Raidió na Gaeltachta is there on a daily basis to provide them with news, music, sport and entertainment on the basis of Irish and through the medium of Irish.

Aonad 14: **Saol na mban**

INTERVIEW 1 I don't think so. I don't think so. Hmm ... I think we're making a tremendous effort and we've made so much progress in the last ten years. But even still it's kind of—especially in the business life of Ireland, it seems to me, really, for the first time, that men still have the power. Hmm, and kind of . . . it's said that, oh if you're a woman you get a little step up. "Oh certainly," *you know*, "come along and you can do this and that." But, really, when the big decision has to be made about anything it's men, often, who make that final decision.

I suppose, I'm thinking about, even, dealing with the bank or something like that *you know*? You deal with women at first and then, *you know*, if you want to make any progress at all, you have to deal with a man, *you know*, to achieve the final thing.

INTERVIEW 2 Now, people talk about the "glass ceiling" and I certainly accept that. On the other hand, I was asked a few years ago to chair an event in the Mansion House to which various groups came, asking why women were not accepting the positions that were offered to them in these companies. And a piece of research was presented which I found very interesting at the time, because I was asking myself the same questions. And in this very large company where the research was carried out with women as to why these opportunities existed and they weren't taking them, it was discovered that women have a very interesting viewpoint. It's quality of life which most interests them and which they find of most value, and they stood back and said: "OK. If I apply for that job now I'll have more money, I'll have a bigger office. On the other hand I'll be working from eight until twelve. I'll have big responsibilities. I won't be able to see my friends so often. And I'm very satisfied with my life as it is. I get satisfaction from my work. I get satisfaction from my life outside of work." *So*, as I say, I feel that both sexes have different prompts or motivations in regards to what is most valuable for them. *Now*, I'm not saying that it's so cleanly divided, but that there are elements of both—of functionality on one hand and considering quality of life on the other—in every person.

INTERVIEW 3 Well, I suppose I was lucky this year, because I got four extra weeks. There are twenty-two weeks of maternity leave in which your full pay is available to you. And, then, you can take an additional three months without pay. And next year four additional weeks will be added on. *So* one could take an entire year, kind of, coming and going with and without pay. *So* it's greatly improved, say, in comparison to how it was in the seventies and eighties, when it was only a few weeks. I suppose, perhaps, that its main weakness is that, especially around here, it's difficult to find a childminder—someone who will look after your child for you. In An Daingean now there's a kind of *crèche* or childcare center opening, in a couple of months I think. But I suppose, again like everything else, that will be very costly. *So* maybe, it'll be . . . we have no idea yet what we're going to do, say, where we're going to put Méabh or what we'll do with her. But there is a lack of proper facilities, kind of, for childcare, especially if you go back to work.

Aonad 15: **Scéalta**

INTERVIEW 1 But I remember, maybe, oh a good few years ago, I was hitching up from, I think it was Limerick, and this man gave me a lift. I was hitching and he stopped and gave me a lift. And somewhere in County Kildare he stopped at a hotel. This particular hotel was on a little height by the roadside and he left the car on the incline. And he went in to collect his wife, who was staying in the hotel. Now it was also the time of the Troubles in the North of Ireland *so* it must have happened sometime, maybe, in the seventies or the beginning of the eighties. And he was inside in the hotel and I was out in the car by myself. Suddenly, the car began to move and I didn't know what to do, because I was scared to interfere with the gear, or the brakes. I didn't even know where the brakes were. *So* what I did was to jump out of the car as quickly as I could. And I tried to hold back the car, which was moving down the slope. And that was very difficult because this particular slope was a bit steep, it had a sharp incline. And I was at my wit's end. I didn't know what to do, because the main road was at the bottom of the slope and there were a lot of cars and heavy traffic on the main road. Luckily enough, at that moment, a big lorry full of soldiers came around and I shouted that I was in trouble. And the lorry stopped immediately and a couple of soldiers leapt out and I said to them, "*Can you do something to stop this car*?" And they looked at me and, you know, they were astonished. But the car was stopped, of course, someone jumped in and whatever he did with the brakes, the car stopped. But then the man came out of the hotel, he and his wife, and he sees this hullabaloo around the car, and the soldiers and me there. And I suppose . . . I see him with his mouth open. I suppose he thought it was an IRA man, or . . . I'm not sure what he thought. But that convinced me that I ought to do something, perhaps, to learn how to drive. But in a few days time I had forgotten about it and I haven't learned to drive since then.

INTERVIEW 2 Hmm, yes, you would get a lot, you hear an awful lot of stories. For example, a number of generations back, an aunt of ours went to America. They were to go to New Orleans but, because there were some diseases on board, they were not allowed to disembark in New Orleans. *So* they went down to Honduras. But on the way over the wife died and some of the children passed away and all that remained were the father, two sons and two daughters when they arrived in Honduras. And the father found it difficult to look after the children so he left the two daughters in Honduras and he and his two sons went up to New Orleans, because that was their original destination. And after a year to two or three, he went back to Honduras to collect his daughters but they wouldn't go with him. They stayed down there and were raised there, by two different families. And one of them—a descendant of one of them—came home to Baile an Fheirtéaraigh looking for information and walked through Baile an Fheirtéaraigh looking for Manning. And she met with Eileen Manning in Baile an Fheirtéaraigh and, *"Are you looking for the Honduran?" So,* the whole story about the *Honduran*, was known in Baile an Fheirtéaraigh and that was a great surprise to them. But *yeah. So,* we have relatives down in Honduras.

INTERVIEW 3 A sister of mine left, about 1960, I think. She went to England. Things hadn't changed much here in 1960 and I suppose that her people thought that they would never see her again either. That's not what happened, because the airplane came on the scene and it was easy to travel and so on, but hmm . . . When she left my father and mother thought that they would never see her again. But I wrote this poem the morning she left on the bus, and how I saw my father in the house, after she had gone with the bus. I wrote this poem and it's entitled *"Imirce"* (Emigration). And it's about my father, the shape he was in when his first daughter emigrated.

Emigration

He stood watching the bus
until it disappeared
down the slope
at Áth Íochtair.

It appeared again
on Droim an Chriathraigh.
But in a moment
his oldest daughter
had vanished.

He turned from the window and
sat by the fire
his head in his hands
and wept.

Since I was young
I thought men shouldn't weep
but now
that I'm almost the age
he was
I understand.
Though no bird has left
my nest
yet.

Aonad 16: **Cultúr**

INTERVIEW 1 Well Oireachtas na Gaeilge is a national organization which has the responsibility for promoting native Irish arts, and that gets done in a number of ways. The Oireachtas organizes two festivals every year—Oireachtas na Samhna (The November Oireachtas) and Oireachtas na Bealtaine (The May Oireachtas). These are festivals that move from place to place. They aren't in the same place year after year. For example, last year Oireachtas na Samhna was in Cork and this year it will be in Derry. The people who attend the festival mostly speak Irish and the festival is organized through Irish. *So*, because of that, it doesn't matter where the festival is—it's always a Gaeltacht. *So* we are one of the most mobile Gaeltachts in the country, or the only mobile Gaeltacht in the country. The festivals celebrate the traditional arts—*sean-nós* singing, *sean-nós* dancing, Irish traditional music, storytelling, *lúibíní*, comic dialogues and much, much more. There's a lot of fun and conversation and music, an awful lot of sessions, during the festivals and visitors come from all over the country and even from outside the country, from England, from Scotland and we get a good deal of visitors from America now, for the last few years.

INTERVIEW 2 Well *céilí* dances are a lot more ordered. There are, sort of, a line to one side and a line to the other side with even numbers on either side and so on. With the *sean-nós* you have more freedom, with *sean-nós* dancing. You're there and you have the floor to yourself and you can go anywhere you like across the floor—although the old people used to say that the one who stays in one spot, that he's the best of all. They say, hmm . . . that the best dancers were able to dance on a plate. That's a very small space, maybe one foot. And they used to say that if you could dance on the spot then you were good. Dancing now, I know, when the young people are on the stage, they take up the entire stage. You know? They . . . there is a lot of emotion in it, of course and, hmm, it seems that the young people want to move across the area of the floor. Maybe that's not the best way, but that's the way it's being done and the audience enjoy it. Maybe, maybe, in a way, the old way was a little boring, or it would be now to young people. Someone dancing on the same spot all the time. I think that they like this movement on the stage. And the energy too, of course.

INTERVIEW 3 I entered a dancing competition once. I was never very good at dancing. And I was only about five years old at the time. And I was so shy at the time that I hadn't the courage to tell the dancing teacher that I didn't know the dances. And I stood on the stage like a statue, watching the others dancing and all I did was stand there. And my family left the hall, totally ashamed. But that was the end of my dancing career anyway.

INTERVIEW 4 Well it's a kind of "dialogue" between two people. It can be in prose or in verse. Kind of, it's an old, traditional form of writing in Irish. In the Fenian Cycle, for example, there is a dialogue between Oisín and Saint Patrick. And it's very strong in the Gaeltacht areas. It wouldn't be as strong, say, in the Donegal Gaeltacht as it would be in the Conamara or Southern Gaeltachtaí. And for a good few years, I guess, the best dialogues have come from Dublin, from people like Joe Ó Dónaill and Ray Mac Mánais and people like Seán Ó Gráinne in Conamara and Traolach Ó Conghaile. I wouldn't be hmm, I took part in an *agallamh beirte* and I have to say that I enjoyed it tremendously. I remember one which was written by a fellow teacher in the school here, Muiris Ó Fearraigh, one we made up on the way down to the Oireachtas—called *"Pádaí ag an Oireachtas."* And, as you might say, we had no set script, but I know that everyone in the hall . . . I don't know where it was, if it was in Dublin, but I know that the people in the hall that night in Dublin were laughing anyway. We got them laughing anyway. But I think that it's a great form and you see a lot of young children perform really excellent *agallaimh bheirte* on traditional themes. Usually, kind of, the *agallamh beirte* features a kind of conflict or dispute about, say, the old ways versus the new or about some controversial matter. And usually there's one person on one side and another person on the opposite side and they have an argument or dispute between them.

Aonad 17: **Tuairimí 2**

INTERVIEW 1 It's a fact that the drink culture in this country is crazy. When you compare it to the culture in France or in Italy or in Spain, and I haven't done much traveling outside of those particular countries. But in those countries you'd notice the difference. When you go, when you go to something and you have a little drink and you spend hour after hour outside with your friends, drinking a little, talking, eating. And I suppose that by the end of the night you've had enough to drink. But the culture is different. The focus is completely different.

And here in Ireland there's a pressure to buy drinks and to drink them and keep up with people while drinking and a pressure on people to buy each other drink. And I agree with that culture up to a point. There is no trait I detest more in people than stinginess and, in Ireland, the place where stinginess is shown is the pub. The person who refuses to buy a drink for someone else—that's a very clear display of a person's stinginess. And I think that, as Irish people—although we have many examples, I suppose, of skinflints in Ireland—as a culture we don't like misers and we don't like miserliness. And in a way, I suppose, it's a nice thing that we're happy to buy each other drinks, but wouldn't it be far healthier for us all if we bought each other water, or orange juice or apple juice or something like that.

INTERVIEW 2 Yes. Why shouldn't that be so? Why shouldn't everyone go out and learn sign language? Yes, I teach now and again, I teach the language at school. During the last two years I've been teaching, families come to me and I teach people, the general public. And they enjoy it tremendously. And they see it as, you know, a lot of people think that sign language is not a real language. But when a little is taught them, they see it's much more human, that there is a culture, that there is a genuine language in question. And that it's a language in its own right. Maybe they don't have to, like, have a perfect command of the language, but still a little knowledge should be promoted among the public. Because there are people who think, "Oh I have to," if they see a deaf person, "Oh I have to go and help or assist that person." But just to demonstrate to people that we are people, and that people don't have to have that approach, that people should respect deaf people and their languages, and that's what is most important. Yes. Why shouldn't we be respected like everyone else? *So*, we have to, kind of, part of that is teaching the language to people, so that we can achieve the same status as everyone else in the country.

INTERVIEW 3 I'm afraid that you've just asked me a very dangerous question, because I don't agree one way or another with that opinion. I think that simplifying happens, if it happens at all, it happens naturally in any natural language. And you have to accept that. It's not that you have to accept it, but you are part of that process yourself. But as regards simplifying the spoken language itself, I don't think that it makes sense. When that's said and done, there is a standard. You have to, if you are a teacher, it's much easier to deal with a standard—that is a natural version, especially in terms of grammar and spelling, which is laid down so as people won't have a million different versions of their own. But I'm not in favor of simplification for simplification for the sake of learners, I must say. Because I believe that you greatly disturb the natural community language in that way.

You can look at French or German, and simplifications in the language, in spelling and grammar are accepted because they develop naturally and then are standardized. And they are put into use and so on. But, as I say, I think that it would greatly disturb the natural language if changes were introduced which have not developed naturally in the language community. At the same time we know the condition of the Irish language today. It is much influenced by English, and there are many constructions, maybe, and changes of syntax, and in the Irish-medium schools different types of interlanguage have emerged. And I suppose that what has happened to us is that, hmm . . . I wouldn't want to accept them, number one, but they are becoming very established in speech because, I suppose, we are all bilinguals and we understand each other even with those turns of phrase and we don't have to improve our own speech further. But they grate with me, even though I might use them myself and unknown to myself because we hear them on Raidió na Gaeltachta and the like. They are being normalized, almost.

Aonad 18: **Cuimhní**

INTERVIEW 1   Well, I suppose, I'll always remember that day in September 2004. I was captain, certainly. That was a privilege, not only for me but for my people and for my family at home and especially for the local football club here, and I remember that many of them were present in Croke Park on the day. We were fortunate enough to beat Mayo on that day. We had, without doubt, a big challenge before us that day, but we made it. There was a big gap between the teams in the end and we were lucky and Mayo were unlucky. But I remember when we won the cup that I had to go up and accept the trophy and so on. That's part of the privilege of being captain, and speaking on behalf of the team. And it was nice looking down from the Hogan Stand, looking down at the Kerry people gathered together on the pitch having won another cup, and, I suppose, celebrating along with us. And it was nice as well that so many people from the Gaeltacht Football Club were on the team and so many people had come from Kerry, especially from the Gaeltacht, from Corca Dhuibhne, to support us. And certainly, when we won there was a great celebration and we given a great welcome home. They say that there's a great tradition of football in Kerry and in Corca Dhuibhne indeed, but they never forget the latest victory.

INTERVIEW 2 But I remember, once, going to school with my little essay. A little essay in which I gave a new twist to the *clichés*. And we were always asked to write essays—"I got up at eight o'clock in the morning. I put on my trousers. I ate my breakfast. I went to school." That kind of thing. There was no interest, like, in the imagination. *Logic* and the reasonable thing. I went in with my little essay which went like this: "I got up at eight o'clock in the morning. I put my prayers on. I said my trousers. I came down the breakfast and I ate the stairs." And I gave this little essay to the teacher. He read it and he was furious when he read the essay. He hit me. But that was common, of course, that kind of brutality. He gave me a good hiding, I remember. But that's not what I remember now about what he said to me, after giving me a hiding he said "*Sure*, there are no stairs in your house." And there was no emphasis on the imagination in that particular school.

INTERVIEW 3 It was a different life, however. Again I was fortunate, I suppose, with the life I had. I grew up in the forties and, of course, the war years. But after that, I was at primary school, I suppose until '52 or so. They used to have singing evenings in the house! And it was a common thing in this little town that you would have your song, or *recitation* and, "Dan McGrew" or something—they are all far back in memory now. But it was a natural thing that you'd have to perform your song. And I'm telling you, most of them weren't singers but you'd have to listen to them and they would expect to be invited to perform the thing.

And dancing in the kitchen as well. And I remember doing an article for Éamann Ó hArgáin for the booklet or for the magazine that Comhaltas Ceoltóirí Éireann put out, some years ago. And he was asking me, "Well, when did that stop?" and I suddenly remembered that the dancing in the kitchen, the sets, for example, stopped when modern tiles were placed upon the fine cement that had been there previously, smooth, level and shiny from use. And that was the end, no one was allowed to dance on something like that. It was a pity in a way, but again the sets, they were very common in the generation before me and during my own time. And of course where I was in County Limerick they greatly preferred the *Kerry Slides* as opposed to what was going on in County Clare, which was just leaping up and down in the air. They used to say that the other thing was much more graceful.

It was interesting, I suppose to grow up . . . But again then that all disappeared and was gone. Television came in 1963. I had just returned, I suppose, from America. I spent '63 in America, in Chicago. I was there when John F. Kennedy was killed. And when I came home then there was a television everywhere. I hadn't got a television in America—we hadn't got the money for it! But everyone had it and that was another big change.

Aonad 19: Éire inniu

INTERVIEW 1 I think so. And I think that it will be a very positive influence. Because people talk about multiculturalism and, of course, Ireland is already more multicultural than it used to be. If you walked up O'Connell Street you would notice it immediately. It's not necessary to go to Dublin at all. You notice it right here in Tralee. But yes, I think you'll shortly see a cultural mixture, what they call "a cultural mix." That phenomenon is very interesting because I think that it will enrich the native and English language culture in Ireland as well as the culture of the incomers. Having said that, that's theoretical. I understand that there will be practical difficulties, but I think that we're already seeing the mix of cultures, perhaps, between neighbours in some areas. In Tralee, say, people . . . there is, for example, a choir in Tralee with people from Africa and from Ireland and they sing songs from Africa and Ireland. That's a sign, for instance, of the kind of cultural mix we will see a lot more of, that we will see more of in the years to come, I hope.

INTERVIEW 2 It's very difficult, especially for a single person, it's very difficult to buy a house in Dublin. Not even in the vicinity of Dublin, within, maybe, thirty or forty miles of Dublin. It's very difficult. In all seriousness, you're depending on help from your parents or help from your family or, maybe, from the *Lottery*, or something from the National Lottery if you win the money. It's practically impossible for a single person to do it. Even for a couple, it's very difficult to buy a house. And that's the reason, I suppose, why the city is spreading out and people are depending on traveling into the city center, driving in maybe thirty, forty, fifty, sixty miles. It's very difficult to buy a house these days.

INTERVIEW 3 It seems to me as if there's a lot of that, there's no doubt about it, that there could be many more facilities for youngsters and especially for teenagers. But even so, you know, traditional family life as it was a long time ago, when there was kind of conversation and company and fun and socializing. Well, that's gone and now there's money. And I suppose that's what parents are giving to children instead of other things. They can buy them things, but maybe that's no substitute for, perhaps, the most precious thing they can give them, you know, kind of, to give them education about life, to give them a good example, to create a healthy family life.

That's one of the things that amazes me now during the school term, you know, it's bad enough, maybe, young kids of thirteen, fourteen and fifteen years of age running wild at the weekend, say Friday night and Saturday night. But I'm told and I see it myself, youngsters who seem to have a free hand, who can be out seven nights a week and who often fall asleep in the morning classes and who look as if they stay up late watching all sorts of films on television and video. And it seems as if their parents are happy to give them these things and to let them do as they please.

Aonad 20: **Na Gaeil i Meiriceá Thuaidh**

INTERVIEW 1 Hmm, my own people, most of my mother's and my father's people went to America. About the end of the nineteenth century, say. A lot of people went over to America at that time. And I know that my mother's people, that a sister of my mother's went over around 19, 1913. And they imagined that they had only to go to America and that everything would be alright, but I have seen letters sent home to my mother by her at that time, and things were worse in America when she went over than what she left behind at home. And that means things must have been awful because things were really bad here. There was no work. There were great big families . . . there were a lot of children in every house. There were houses with only two rooms and, perhaps, a dozen children, as well as the father and mother and, maybe, an uncle and aunt in the house as well. And they all had to leave except maybe one person.

But the people who left at that time, life was as bad in America as it was at home. And it was difficult, it was very difficult to get a job and the jobs they did get were badly paid and they had to work very hard. But, oh, emigration left Conamara deserted, of course, because of how poor it was. There was no land as you might find in other places. And the people who left at that time were not expected ever to return. The odd letter, I'd say, was written. Some of them weren't able to write home. And I think that when a father and mother said goodbye to a son or daughter, they knew then that they would never see them again.

INTERVIEW 2 It's very varied. It's at a point now where we no longer ask people why they come or why they are learning Irish, because people would have so many reasons for doing so. But they are attracted to Irish and the culture of the country, I think, by many things. People come, as you might know, because of music. They hear Altán or Enya or Clannad or people like that singing so that arouses their interest. Ah, the country's mythology and folklore. There are many people who study Yeats or Synge or English language literature and who are interested in pursuing it further. That and people who would hear a certain amount of Irish from their families. Maybe their grandmother in the Bronx or things like that and there would be a certain curiosity, trying to get to grips with that. That and . . . many other people come to Ireland and become interested in place-names and in the country's history and they want to go further.

INTERVIEW 3 When I finished school in Ireland, when I finished school in Ireland in the year 1953, I went to England for a couple of years. And after that my uncle asked me, "Would you like to come to America?" And I wrote back to him immediately and I said, "Oh, I'd like that." Because I was interested in the fine clothes worn by Americans I had seen. I had seen people come back to Ireland with beautiful suits and I had no chance of buying something like that. And anyway I boarded ship in the month of July, 1955, on my way to America. And I went to Cobh in County Cork and the ships were on strike! Seriously! And they told me and everyone else that we'd have to go back home—and I from County Mayo! And, but anyway things had changed by the next morning and we went on a different ship to the one on which we were registered.

And we went to Montreal, instead of New York, and we had to go on the train from Montreal to New York and the *Customs* people came on board in the middle of the night and we had to get out of bed and show them our *passport* and things like that. And the day I reached *Penn Station* my uncle was waiting there and I recognized him from pictures I had at home. And he had a car and I was amazed going across the bridge—*Brooklyn Bridge*—because I had never seen a bridge like that before. But the thing that amazed me most was when we reached the house he said, "This is my house." And I had never seen an *apartment-house* before that and I thought he owned the entire house. Seriously! And in I went and there were doors everywhere and what sort of house is this at all? It was like a hospital I saw in Ireland once. But anyway I noticed that they only had three bedrooms and that he didn't own the entire house.

INTERVIEW 4

Eileen: I stay in contact with my friends in Ireland—through Irish, mostly. And, as I said, with my first cousin too. I send her notes in Irish and get notes in Irish back from her. *So*, yes, I do most of my work on the computer through Irish.

Seán: And you Liam?

Liam: I do a lot of work through Irish on the computer now, because of the contact we have, that people here have with people in Ireland. And we can go on the computer to get *Beo!*, for example, exclusively in Irish and read the articles and Raidió na Gaeltachta is available on the Internet now. *So*, there's a lot more available now than there was ten or twenty years ago.

Eileen: I teach Irish here, at weekends mostly. And I like the classes. I love every level, *but*, strange to say, I find the higher levels easiest because everyone in the class has fluent Irish. *So*, you don't have to explain to them the things, you know, the basic things. But I love giving the language to people, especially newcomers. Because, *I mean*, it's so beautiful and, *you know*, they want so much to learn it. *So*, I love that.

Seán: What sort of class do you like, Liam, when teaching?

Liam: Well, I teach here from time to time, and at home I teach Irish every Thursday, Thursday night, you know. Really, I'm kind of embarrassed about it, because I'm not an Irishman and my Irish isn't so good. But at the same time we have four classes—from beginners to advanced. And we have a teacher from Ireland in the advanced class, *so* he does a great job—a man called Seán Tierney! But apart from that we have no other teacher from Ireland, *so* I have to do it. And something I've noticed about Irish people who have Irish is that they think that they can't teach Irish because they're not teachers, but they have much more Irish than I have. But I have to do my bit . . . *so*.

Answer Key

Aonad 1: Ceantar dúchais

SEGMENT 1

Cultúr

1. Seán Ó Ríordáin: *an Ríordánach*
2. Micheál Ó Coileáin: *an Coileánach*
3. Máire Mhic Róibín: *an Róibíneach*

SEGMENT 2

Saibhriú focal

1. I was born and raised in . . . : *Rugadh agus tógadh mise i . . .*
2. out of the ordinary: *as an ngnách*
3. a short time ago: *ó chianaibh*
4. when I was growing up: *agus mé ag fás aníos*

SEGMENT 3

Saibhriú focal

1. back in the forties: *siar sna daichidí*
2. to emigrate: *dul ar imirce*
3. instead of: *in ionad*

An teanga

The article usually causes lenition, or *séimhiú*, to feminine nouns—*an fheirmeoireacht*. However, it doesn't affect words beginning with a vowel or *d, t*. For example, *an déiríocht, an iascaireacht* and *an turasóireacht*.

Aonad 2: An teaghlach

SEGMENT 1

Saibhriú focal

1. beagnach ceithre mhí: *nach mór ceithre mhí*
2. múscailte: *i do dhúiseacht*
3. tuirse mhór: *traochadh*
4. tá sé go hiontach: *tá sé go diail*

SEGMENT 2

An teanga

Beirt doesn't lenite words beginning with *d, t* or *s*.

SEGMENT 3

Saibhriú focal

The sentences could be translated in any number of ways, including the following:

1. He's very quiet, unlike his brother: *Tá sé an-chiúin, murab ionann agus a dheartháir* or *murab ionann lena dheartháir.*
2. She sings like a angel: *Canann sí mar a bheadh aingeal ann.*
3. I work hard—unlike some people! *Bím ag obair go crua—murab ionann agus daoine eile!* or *murab ionann le daoine eile!*
4. He drives like a madman: *Bíonn sé ag tiomáint mar a bheadh fear mire ann.*

SEGMENT 4

An teanga

1. *Tá sé saghas fuirist aire a **thabhairt di**.*
2. *An traochadh a **bhaineann le** leanbh óg a bheith agat.*
3. *An fhorbairt a **thagann uirthi** gach aon lá.*
4. *Is **as** Contae na Mí ó dhúchas **dó**.*
5. *Ruthie, mar a **thugaimid** (or thugaimidne) **uirthi**.*
6. *Filleann siad **ar** an mbaile, mar a bheadh coiníní.*
7. *Is mar sin is fearr **dúinn** (or **dúinne**) é.*
8. ***Bainimid** ana-shásamh **as** comhluadar a chéile.*
9. *Bhí **orm** cinneadh a dhéanamh.*
10. *Tá léann maith **air** (or **airsean**).*

Aonad 3: Obair

SEGMENT 1

Saibhriú focal (A.)

1. I have to: *caithfidh mé*
2. menu: *biachlár*
3. dishes: *soithí*
4. drudgery, slavery: *sclábhaíocht*

Saibhriú focal (B.)

The sentences could be translated in any number of ways, including the following:

1. I haven't got a car, which means I walk a lot. *Níl carr agam, agus ciallaíonn sé sin go mbím ag siúl cuid mhór* or *ciallaíonn sé sin go siúlaim a lán.*
2. Are you ready for the class? *An bhfuil tú réidh fá choinne an ranga?*
3. Does that mean that you won't be coming? *An gciallaíonn sé sin nach mbeidh tú ag teacht?*
4. Take with you a good book for the journey. *Tabhair leat leabhar maith fá choinne an turais.*

SEGMENT 2

Saibhriú focal (A.)

1. *Bhíomar ag caint le chéile faoi chúrsaí an tsaoil.* We were talking about current events *or* about this and that.
2. *Tá eolas maith aici ar chúrsaí dlí.* She has a good knowledge of legal affairs.
3. *Níl aon suim agam i gcúrsaí spóirt.* I have no interest in sports *or* sporting matters.

> SEGMENT 3

Saibhriú focal (A.)
1. To try something. *Triail a **bhaint as** rud éigin.*
2. Involved in education. *Ag plé **le** hoideachas.*
3. What is right for you. *An rud is dual **duit.***
4. To enjoy something. *Sult a **bhaint as** rud éigin.*

> SEGMENT 4

Saibhriú focal
1. I'm involved with: *bíonn baint agam le*
2. current affairs: *cúrsaí reatha*
3. description, account: *cur síos*
4. and so on: *agus mar sin de*
5. editing: *cur in eagar*
6. insight: *léargas*

Aonad 4: Caitheamh aimsire

> SEGMENT 1

Saibhriú focal (A.)
1. *cuidíonn sé liom: cabhraíonn sé liom*
2. *ó thaobh strusa de: maidir le strus*
3. *le hais na farraige: le taobh na farraige, cois farraige*
4. *ó thráth go chéile: ó am go chéile* or *scaití* or *anois is arís* or *ó am go chéile*

Saibhriú focal (B.)
Scéinséir comes from the word *scéin*, which means "terror" or "fear." The two elements of *beathaisnéis* are *beatha* (life) and *faisnéis* (information). Other words containing *faisnéis* are *réamhaisnéis* (forecast) and *cáinaisnéis* (budget).

> SEGMENT 2

An teanga (A.)
1. *Bhí sé ina pholaiteoir. Polaiteoir a bhí ann.*
2. *Beidh sí ina scríbhneoir clúiteach amach anseo. Scríbhneoir clúiteach a bheidh inti amach anseo.*
3. *Tá tú i do chara maith. Cara maith atá ionat.*
4. *Bhí sé ina bhaile beag tuaithe an t-am sin. Baile beag tuaithe a bhí ann an t-am sin.*

> SEGMENT 3

Saibhriú focal
1. a year and a half ago: *bliain go leith ó shin*
2. health problems: *fadhbanna sláinte*
3. reluctance: *drogall*
4. it greatly affected me / impressed me: *chuaigh sé i bhfeidhm go mór orm*

> SEGMENT 4

Saibhriú focal

The sentences could be translated in any number of ways, including the following:
1. It's a very expensive hobby. *Caitheamh aimsire millteanach daor atá ann.*
2. Soccer is a really boring sport. *Spórt iontach leadránach atá sa sacar.*

3. I really enjoyed the game. *Bhain mé an-sult as an gcluiche.*
4. The guitar is extremely difficult to play. *Tá sé fíordheacair an giotár a sheinm.*

SEGMENT 5

Saibhriú focal
1. The only thing they can do is go to the pub.
2. That means "immediately."
3. All I did was to jump out of the car.

Aonad 5: Saol na cathrach

SEGMENT 1

Saibhriú focal (B.)
The sentences could be translated in any number of ways, including the following:
1. I'd like to learn another language so that I could travel. *Ba mhaith liom teanga eile a fhoghlaim sa tslí is go bhféadfainn taisteal.*
2. I bought a computer so that I could use the Internet. *Cheannaigh mé ríomhaire sa tslí is go bhféadfainn an tIdirlíon a úsáid.*

SEGMENT 3

Ó Ghaeltacht go Gaeltacht (B.)
1. *Is maith leis **canadh** sa seomra folctha.*
2. *Dúirt an dochtúir liom gan éirí as an leaba ar feadh cúpla lá.* (This is correct.)
3. *Ní raibh an t-am agam bricfeasta **a ithe** ná tae a ól.*
4. *Ba mhaith liom an t-amhrán sin a chloisteáil arís.* (This is correct.)

5. *Arbh fhearr leat fanacht nó gan fanacht?*

SEGMENT 4

Saibhriú focal
Noun: *Bruachbhaile*
Definition: suburb
Genitive singular: (identical)
Nominative plural: *Bruachbhailte*

Noun: *Córas*
Definition: system
Genitive singular: *Córais*
Nominative plural: *Córais*

Noun: *Cathair*
Definition: city
Genitive singular: *Cathrach*
Nominative plural: *Cathracha*

Noun: *Ionad siopadóireachta*
Definition: shopping center
Genitive singular: *Ionaid siopadóireachta*
Nominative plural: *Ionaid siopadóireachta*

Aonad 6: Teangacha

SEGMENT 1

Saibhriú focal
Adjective: *ábalta*
Definition: able, capable
Comparative & superlative: (identical)

Adjective: *conspóideach*
Definition: controversial
Comparative & superlative: *is / níos conspóidí*

Adjective: *éifeachtach*
Definition: effective
Comparative & superlative: *is / níos éifeachtaí*

Adjective: *cairdiúil*
Definition: friendly
Comparative & superlative: *is / níos cairdiúla*

Adjective: *gar*
Definition: near / close
Comparative & superlative: *is / níos gaire*

Adjective: *iomlán*
Definition: whole
Comparative & superlative: *is / níos iomláine*

Adjective: *deacair*
Definition: difficult
Comparative & superlative: *is / níos deacra*

SEGMENT 2

Saibhriú focal

1. *Bhí sé de nós aici / Ba ghnách léi siúl chun na hoifige gach maidin.*
2. *Bhí sé de nós aige /Ba ghnách leis an nuachtán sin a cheannach gach lá.*
3. *Bhí sé de nós acu / Ba ghnách leo bronntanas a chur chugam ag an Nollaig.*
4. *Bhí sé de nós againn / Ba ghnách linn dul go Ceanada ar laethanta saoire.*

SEGMENT 3

An teanga

1. *Bímis ag ól anseo go maidin!* Let's drink here until morning!
2. *Tógamis go bog é ar feadh tamaill.* Let's take it easy for a while.
3. *Ná cuirimis am ar bith amú!* Let's not waste any time!
4. *Dá mbeadh, abraimis, milliún dollar agat, cad é a dhéanfá leis?* If you had, say, a million dollars, what would you do with it?

SEGMENT 4

An teanga (C.)

Ard goes with *scoil, caighdeán, baile* and *clár* to make *ardscoil* (high school), *ardchaighdeán* (high standard), and *ardchlár* (plateau). The word *ardbhaile* (chief-town or center) is an unusual word and not common in Irish.
Bog goes with *earra* to make *bogearra* (an item of software).
Meán goes with *scoil* to make *meánscoil* (secondary school).
Gearr goes with *liosta* to make *gearrliosta* (shortlist).
Bia goes with *clár* to make *biachlár* (menu).
Bruach goes with *baile* to make *bruachbhaile* (suburb).
Ceol goes with *dráma* to make *ceoldráma* (opera).

An teanga (D.)

1. *saotharlann*: laboratory
2. *dánlann*: gallery
3. *ceardlann*: workshop
4. *cartlann*: archive

Other examples include: *bialann* (restaurant), *leabharlann* (library), *pictiúrlann* (cinema), *grúdlann* (brewery), etc.

Aonad 7: Daoine

SEGMENT 2

An teanga (C.)

Síle: *A Mháire, a stór. Tar **isteach** agus ná fan **amuigh** ansin san fhuacht. Tá mé abhus anseo sa seomra leapa. Tar **aníos** chugam.*

Máire: *Is breá liom tú a fheiceáil arís! Shíl mé go raibh tú **thall** in Albain go fóill.*

Síle: *Oíche aréir a tháinig mé **anall**. A Dhia, tá tuirse orm! I mo shuí **istigh** in eitleán, **thuas** go hard i measc na scamall.*

Máire: *Ó, tá a fhios agam! Ach is féidir leat do scíth a ligean anois. Nach bhfuil na páistí **thíos** ag do dheirfiúr i gCiarraí?*

Feasacht teanga

Sean-nath means something very similar to "cliché."

SEGMENT 3

Saibhriú focal

1. *scála*: a basin
2. *an tsráid*: level ground around a house
3. *deasghnáth*: ritual
4. *áitreabh*: dwelling
5. *sceach*: thornbush

SEGMENT 4

Saibhriú focal

1. *chuaigh siad i bhfeidhm orm*: chuaigh siad i gcion orm
2. *speisialta / faoi leith*: sainiúil
3. *go ginearálta*: i gcoitinne
4. *ceart / oiriúnach*: cuí

An teanga

1. He is still a young man: *Fear óg is ea é fós.*
2. It's a good movie: *Scannán maith is ea é.*
3. It's for you: *Duitse is ea é.*
4. It was a big mistake: *Botún mór ab ea é.*

SEGMENT 5

Saibhriú focal (B.)

Bainis normally refers to the wedding feast whereas *pósadh* refers to the state of matrimony, the wedding ceremony or an individual marriage.

Aonad 8: Taisteal agus cultúir eile

SEGMENT 1

An teanga (B.)

1. Is the house for sale? *An bhfuil an teach ar díol?*
2. The meeting was postponed. *Cuireadh an cruinniú ar athlá.*
3. I like to go swimming in the morning. *Is maith liom dul ag snámh ar maidin.*
4. She was shaking. *Bhí sí ar crith.*

An teanga (C.)

1. *Níl Úna **ar fónamh** le tamall.*
2. *Bhí mé ar buile nuair a cuireadh an cheolchoirm **ar ceal**.*

3. *Bhí an bád ag imeacht **ar bharr** na dtonn.*
4. *Bhí Peadar ar meisce agus chuaigh sé **ar seachrán** ar a bhealach abhaile.*

SEGMENT 2

Saibhriú focal

céim	draíocht	**stuama**
múineadh	**sparán**	craic
iris	iontaisí	rince

- *Iris* (magazine) relates to journalism whereas *céim* (degree) and *múineadh* (teaching) are educational terms.
- *Sparán* (purse) relates to money whereas *draíocht* (magic) and *iontaisí* (wonders) have more to do with the romance of travel.
- *Stuama* means "sober" or "grave" and doesn't go well with *craic* (fun, enjoyment) and *rince* (dance).

An teanga (A.)

1. *Cheapas go raibh draíocht ag baint leis an áit.* I thought that the place had magic to it.
2. *Tá ana-sprid ag baint leo.* They have a great spirit about them.

An teanga (B.)

1. Many of these problems are connected with drugs. *Cuid mhór de na fadhbanna seo, tá baint acu le drugaí.*
2. I'm involved with the local drama group. *Tá baint agam leis an ghrúpa drámaíochta áitiúil.*

SEGMENT 3

An teanga

The sentences could be translated in any number of ways, including the following:
1. I went to France to learn the language. *Chuaigh mé chun na Fraince chun an teanga a fhoghlaim.*
2. I'm not fluent enough to teach a class. *Níl mé líofa go leor chun rang a mhúineadh.*
3. I went to the hospital to meet the doctor. *Chuaigh mé chun na hotharlainne chun casadh leis an dochtúir.*
4. Would you like to come to dinner tomorrow? *Ar mhaith leat teacht chun dinnéir san oíche amárach?*

Aonad 9: Cúrsaí spóirt

SEGMENT 2

An teanga (C.)

1. *Níl go leor **imreoirí** againn le foireann a chur le chéile.*
2. *Bíonn gach uile dhuine ag iarraidh **ticéad** do na cluichí móra.*
3. *Tá an-chuid **buntáistí** ag baint le bheith ag imirt spóirt.*
4. *Bíonn na daoine ag canadh **amhrán** agus ag croitheadh **bratach** le linn na gcluichí.*
5. *Bhí i bhfad níos mó **cúl** agus **cúilíní** ag foireann Mhaigh Eo.*

SEGMENT 3

Saibhriú focal

1. *alltacht*: amazement
2. *corn*: a cup
3. *smacht*: discipline, control
4. *foréigean*: violence
5. *uafás*: horror
6. *dearcadh*: outlook
7. *leagan*: version
8. *meas*: esteem

An teanga

1. *goitse*: gabh anseo
2. *achan*: gach aon
3. *uilig*: uile go léir
4. *éinne*: aon duine
5. *tuige*: cad chuige
6. *goile*: gabh i leith

SEGMENT 5

An teanga (D.)

The sentences could be translated in any number of ways, including the following:
1. I'd like to travel around (*timpeall*) Europe. *Ba mhaith liom taisteal timpeall na hEorpa.*
2. I became tired during (*le linn*) the lecture. *D'éirigh mé tuirseach le linn an léachta.*
3. Síle was reading the paper and smoking a cigarette. *Bhí Síle ag léamh an pháipéir agus ag caitheamh toitín.*
4. We're learning grammar in Peadar's class. *Táimid ag foghlaim gramadaí i rang Pheadair.*
5. She fell while crossing (*ag dul trasna*) the street. *Thit sí agus í ag dul trasna na sráide.*

Aonad 10: Tuairimí 1

SEGMENT 1

An teanga (B.)

1. "*Bím ag dul ó thaobh amháin go dtí an taobh eile.*" *Dúirt Helen go mbíonn sí ag dul ó thaobh amháin go dtí an taobh eile.*
2. "*Is roghanna an-deacair le déanamh iad.*" *Dúirt Helen gur roghanna an-deacair le déanamh iad.*
3. "*Níor mhaith liom a cheapadh go mbeadh aon ainmhí i bpian.*" *Dúirt Helen nár mhaith léi a cheapadh go mbeadh aon ainmhí i bpian.*
4. "*Bhraith mé go raibh daoine beagán ró-oibrithe mar gheall air.*" *Dúirt Helen gur bhraith sí go raibh daoine beagán ró-oibrithe mar gheall air.*
5. "*Is ceann é sin a dheineas a fhiosrú fadó.*" *Dúirt Helen gur ceann é sin a dhein / a rinne sí a fhiosrú fadó.*

SEGMENT 2

Saibhriú focal (C.)

www.focal.ie suggests *geoga* for "yoga" and *machnamh* for "meditation."

SEGMENT 3

An teanga

1. I have a great affinity with Buddhism. *Tá báidh mhór **agam leis** an Bhúdachas.*
2. They are very much at peace with themselves. *Tá siad go mór **ar** a suaimhneas **leo** féin.*
3. To laugh at yourself. *Gáire a dhéanamh **fút** féin.*
4. They aren't afraid of the other religions. *Níl eagla **orthu roimh** na creidimh eile.*

Aonad 11: Oideachas

SEGMENT 1

Saibhriú focal (A.)

The sentences could be translated in any number of ways, including the following:
1. I wonder who will win the game: *Níl a fhios agam / N'fheadar cé a bhuafaidh an cluiche.*
2. I'm not sure I want to go out tonight: *Níl a fhios agam / N'fheadar an bhfuil mé ag iarraidh dul amach anocht.*
3. I wonder who called: *Níl a fhios agam / N'fheadar cé a chuir glaoch.*

Saibhriú focal (B.)

1. *Ní fearr liom ceann ar bith acu seachas a chéile.* I don't prefer any one of them to the other.
2. *Ní raibh aon rud le léamh ann, seachas sean-nuachtán.* There was nothing to read there, except an old newspaper.
3. *Tá feabhas mór ar do chuid Gaeilge seachas mar a bhí.* Your Irish has improved a lot in comparison to how it was.

SEGMENT 2

Saibhriú focal

1. *cumas chun rudaí a shamhlú, cruthaitheacht:* an tsamhlaíocht
2. *píosa nó mír amach as leabhar:* sliocht
3. *plé nó argóint idir daoine:* díospóireacht

An teanga

1. *féinchosaint:* self-defense
2. *féinteagasc:* self-instruction
3. *féiníobairt:* self-sacrifice
4. *féinfhreastal:* self-service
5. *féinmholadh:* self-praise
6. *féintrua:* self-pity
7. *féinsmacht:* self-discipline
8. *féinfhostaithe:* self-employed

SEGMENT 3

Saibhriú focal

1. They were not fluent in the language. *Ní raibh an teanga **ar** a dtoil **acu**.*
2. Education through the medium of Irish. *Oideachas **trí** mheán na Gaeilge.*
3. To put so much effort into this project. *An oiread dua a chaitheamh **leis** an bhfiontar seo.*
4. So that they will be able to help the children. *Le go mbeidh **ar** a gcumas cabhrú **leis** na gasúir.*

SEGMENT 4

Saibhriú focal

1. *leanúint ar aghaidh le rud éigin*: d. to continue with something
2. *rud éigin a chur chun cinn*: e. to promote something
3. *rud éigin a bhaint amach*: a. to achieve something
4. *rud éigin a chaomhnú*: b. to preserve something
5. *tabhairt faoi rud éigin*: c. to attempt something

Aonad 12: **An timpeallacht**

SEGMENT 1

Saibhriú focal

1. *Feicfidh mé thú **sa bhliain úr**.* (**san athbhliain**)
2. *Tá súil agam nach dtarlóidh sin **arís**.* (**an athuair**)
3. *Beidh orainn an dinnéar a chur **siar go lá éigin eile**.* (**ar athlá**)

SEGMENT 2

Saibhriú focal

1. knick-knacks: *giuirléidí*
2. from one year to the next: *ó bhliain go chéile*
3. one can go overboard with that type of thing: *is féidir dul thar fóir lena leithéid sin*
4. you have to be sensible: *caithfidh tú a bheith ciallmhar*

An teanga (A.)

1. I ran after them: *Rith mé ina ndiaidh.*
2. He said it in our presence: *Dúirt sé inár láthair é.*
3. It's there in front of you: *Tá sé ansin os do chomhair.*
4. A letter came for him: *Tháinig litir fána choinne.*
5. Úna is looking for her: *Tá Úna ar a lorg.*

An teanga (B.)

1. *Ba mhaith liom dul go h**Albain, le h**Úna, b'fhéidir.*
2. *Ná h**ól an iomarca. Beidh tú ar meisce faoi dheireadh na h**oíche.*
3. *Caitheann Ciara na laethanta saoire lena h**aintín agus lena h**uncail in Inis.*
4. *Níl an foclóir seo chomh h**úsáideach sin ar fad.*
5. *Tháinig Muiris agus Eoin sa tríú h**áit agus sa chúigiú h**áit sa rás.*
6. *Ná h**imigh go h**Ard Mhacha le h**Éamann agus an aimsir chomh h**olc agus atá.*

SEGMENT 3

Saibhriú focal

1. They make it easy enough. *Déanann siad sách éasca é.*
2. The little hints you hear all the time. *Na nodanna beaga a chloiseann tú i gcónaí.*
3. I upset my colleagues. *Cuirim olc ar mo chomhghleacaithe.*
4. To make sure that paper isn't wasted. *Lena chinntiú nach gcuirtear páipéar amú.*
5. It would take me twice as long. *Thógfadh sé a dhá oiread ama orm.*

6. To reach my destination. *Mo cheann scríbe a bhaint amach.*

An teanga

Déthaobhach
Comhghleacaí
Cairtchlár
Fótachóipeáil
Lárionad

Aonad 13: An Ghaeltacht

SEGMENT 1

Saibhriú focal

Níor chaill fear an mhisnigh riamh. Fortune favors the brave.
An té nach bhfuil láidir ní foláir dó a bheith glic. He who isn't strong must be cunning.
Ná cuir thú féin i mbéal an phobail. Don't disgrace yourself, make yourself the subject of gossip.
Is fearr Gaeilge bhriste ná Béarla cliste. Better broken Irish than clever English.
Bhí a theanga ina leathphluc aige. He was tongue in cheek.

An teanga (A.)

1. *Is deacair seo a chreidiúint. Tá sé seo **dochreidte**.*
2. *Bhí sé an-éasca an leabhar a léamh. Leabhar **soléite** a bhí ann.*
3. *Ní féidir an ceacht seo a dhéanamh. Tá an ceacht seo **dodhéanta**.*
4. *Is furasta a cuid cainte a thuiscint. Is cainteoir **sothuigthe** í.*

An teanga (B.)

Positive	Negative
Saor (cheap, free)	*Daor* (expensive, unfree)
Sona (happy, fortunate)	***Dona*** (wretched, bad)
Sochar (benefit, good)	*Dochar* (harm)
Saibhir (rich)	***Daibhir*** (poor)
Soiléir (clear)	*Doiléir* (unclear)
Soineann (fine weather)	***Doineann*** (stormy weather)
Sólás (consolation)	*Dólás* (sorrow)

SEGMENT 2

An teanga

The false etymology is in number 3.

SEGMENT 3

Saibhriú focal (C.)

The sentences could be translated in any number of ways, including the following:
1. We're still only learners. *Níl ionainn ach foghlaimeoirí fós.*
2. I did it for **your** own good! *Ar mhaithe leatsa a rinne mé é!*
3. She's only been working here for a week. *Níl sí ag obair anseo ach le seachtain.*
4. I don't do it for the money. *Ní ar mhaithe le hairgead a dhéanaim é.*

SEGMENT 4

Saibhriú focal

1. to cater to a demand: *freastal ar éileamh*
2. through the medium of English: *trí mheán an Bhéarla*

3. on a daily basis: *ar bhonn laethúil*
4. to provide them with entertainment: *siamsaíocht a chur ar fáil dóibh*

Aonad 14: **Saol na mban**

SEGMENT 1

An teanga
1. *Cén fáth a mbíonn tú ag tiomáint **carr** mór millteanach mar sin?*
2. *Is mór an náire bheith ag cáineadh bean bhreá mar Eithne.* (This is correct.)
3. *Scríobh sí alt ag moladh an **Uachtaráin** nua.* (The noun is definite.)
4. *Táthar ag tógáil **bóthar** nua thart ar an chósta.*
5. *An bhfuil tú fós ag scríobh an úrscéil mhóir sin?* (This is correct.)
6. *Bhí sé i mBéal Feirste inné, ag ceannach **árasán** deas i lár na cathrach ansin.*

SEGMENT 2

An teanga
1. Compound words are hyphenated where two vowels come together (*ró-óg*).
2. Compound words are hyphenated where two identical consonants come together (*droch-chustaiméir*).
3. A hyphen is placed between *t* and words beginning with a lowercase vowel (*an t-uisce*). No hyphen appears if the word begins with an uppercase vowel (*An tUachtarán*).
4. A hyphen is placed between *n* and words beginning a lowercase vowel (*a n-árasán*).

No hyphen appears if the word begins with an uppercase vowel (*Ár nAthair*).

SEGMENT 3

Saibhriú focal
1. greatly improved: *feabhsaithe go mór*
2. its main weakness: *an laige is mó atá leis*
3. childminder: *feighlí linbh*
4. that will be very costly: *beidh costas mór air sin*
5. a lack of proper facilities: *easpa áiseanna cearta*

Aonad 15: **Scéalta**

SEGMENT 1

Saibhriú focal
1. *I mbarr mo chéille*: panic-stricken, confused
2. *síob*: a lift, a ride
3. *claonta*: sloping, inclined
4. *chuir sin ar mo shúile dom*: it made me realize
5. *gruaimhín an bhealaigh mhóir*: side of the road
6. *cúl a choinneáil ar an charr*: to stop the car from advancing
7. *coscáin*: brakes

An teanga
1. *tinn tuirseach*: sick and tired
2. *briste brúite*: battered and broken, in a bad state
3. *dubh dóite*: fed up, literally "black and burned"

4. *fite fuaite le*: interwoven with
5. *cogar mogar*: hugger-mugger—confusion, disorder, bustle
6. *mugadh magadh*: farce, mockery
7. *dúrtam dártam*: tittle-tattle
8. *rup rap*: diarrhea with vomiting

SEGMENT 2

Saibhriú focal

1. illness: *breoiteacht*
2. when they embarked: *nuair a thánadar i dtír*
3. the father found it difficult: *fuair an t-athair deacair é*
4. to care for the children: *aire a thabhairt don gclann*
5. a descendent: *sliocht sleachta*

SEGMENT 3

An teanga

The sentences could be translated in any number of ways, including the following:
1. She went to England and stayed there for a couple of years. *Chuaigh sí go Sasana agus d'fhan ann ar feadh cúpla bliain.*
2. He wrote a poem and sent it to a magazine (*iris*). *Chum sé dán agus chuir go dtí iris é.*
3. They bought a house in the country and started farming. *Cheannaigh siad teach faoin tuath agus thosaigh ag feirmeoireacht.*
4. He put on his working clothes and began working. *Chuir sé air a chuid éadaí oibre agus thosaigh ag obair.*

Aonad 16: **Cultúr**

SEGMENT 1

An teanga
Nominative singular: *ealaín*
Nominative plural: *ealaíona*
Genitive singular: *ealaíne*
Genitive plural: *ealaíon*

Nominative singular: *leaba*
Nominative plural: **leapacha**
Genitive singular: **leapa**
Genitive plural: **leapacha**

Nominative singular: *dia*
Nominative plural: **déithe**
Genitive singular: **dé**
Genitive plural: **déithe**

Nominative singular: *mí*
Nominative plural: **míonna**
Genitive singular: **míosa**
Genitive plural: **míonna**

Nominative singular: *sliabh*
Nominative plural: *sléibhte*
Genitive singular: *sléibhe*
Genitive plural: *sléibhte*

Nominative singular: *bean*
Nominative plural: *mná*
Genitive singular: *mná*
Genitive plural: *ban*

SEGMENT 2

An teanga
1. *Daoine a chluinfeadh méid áirithe Gaeilge óna* **muintir**.

2. *Tá **pobal** beag Amish ann a labhraíonn Gearmáinis fós.*
3. *Chuir an custaiméir ólta isteach ar an **lucht** freastail.*
4. *Chuaigh an chuid is mó de **mhuintir** mo mháthar go Meiriceá.*
5. *Bhí tríocha míle de **lucht** leanúna na hÉireann ann.*

SEGMENT 3

Saibhriú focal (A.)
1. *misneach: uchtach*
2. *faiteach: cúthaileach*
3. *ag féachaint: ag breathnú*
4. *tamall, seal: ré*

Saibhriú focal (B.)
1. I'm ravenously hungry! *Tá ocras an domhain orm!*
2. I wasn't aware of that. *Ní raibh sin ar eolas agam.*
3. I'm completely exhausted! *Tá tuirse an domhain orm!*
4. I don't know the answer. *Níl an freagra ar eolas agam.*

SEGMENT 4

Saibhriú focal
literature: *an Fhiannaíocht, script, prós, véarsaíocht*
controversy/disagreement: *aighneas, coimhlint, conspoideach*
enjoyment: *gáire, sult*

An teanga
1. It took me a week to do it. *Bhain sé seachtain **asam** é a dhéanamh.*
2. Take a seat / sit down. *Bain **fút**.*
3. That's not relevant. *Ní bhaineann sin **le** hábhar.*
4. He was taken aback to hear the news. *Baineadh siar **as** nuair a chuala sé an scéal.*
5. It's difficult to make conversation with her. *Tá sé deacair comhrá a bhaint **aisti**.*

Aonad 17: Tuairimí 2

SEGMENT 1

Saibhriú focal
1. You spend many hours out in the open: *Caitheann tú na huaireanta an chloig amuigh faoin aer.*
2. I agree with that culture up to a point: *Tagaim leis an gcultúr sin go pointe.*
3. We don't like skinflints: *Ní maith linn sprionlaitheoirí.*
4. Wouldn't it be much healthier for us all? *Nach mbeadh sé i bhfad níos sláintiúla dúinn ar fad?*

An teanga
The sentences could be translated in any number of ways, including the following:
1. He's a nice man, in many ways. *Fear deas atá ann, ar go leor bealaí.*
2. We hadn't enough time to go to Dublin. *Ní raibh dóthain ama / ár sáith ama / go leor ama againn le dul go Baile Átha Cliath.*
3. You've said enough. *Tá do dhóthain / do sháith / go leor ráite agat.*
4. There's plenty of work at home. *Tá go leor oibre le déanamh sa bhaile.*

SEGMENT 2

Saibhriú focal (A.)

1. *D'iarr sé orm suí síos, agus rinne mé amhlaidh.* He asked me to sit down, and I did so.
2. *An amhlaidh atá tú chun fanacht sa leaba an lá go léir?* Are you really going to stay in bed all day?
3. *Muise, ní hamhlaidh atá an scéal in aon chor.* Indeed, that's not the way of it at all.
4. *"Nollaig shona duit,"* arsa sise. *"Gurab amhlaidh duit,"* a dúirt mise. "Happy Christmas," she said. "The same to you," I said."

SEGMENT 3

Saibhriú focal (A.)

1. under the influence of English: *faoi anáil an Bhéarla*
2. they hurt my ears: *goilleann siad ar mo chluais*
3. good, bad or indifferent / by no means: *maith, olc nó dona*
4. you have to accept that: *caitheann tú glacadh leis sin*

An teanga

1. *Tá sí i bhfabhar **an Fhraincis** a mhúineadh sna scoileanna.*
2. *Tá siad ag iarraidh a scannán féin a dhéanamh.* (This is correct.)
3. *Tá Clíona i ndiaidh **scairt** a chur air.*
4. *Tá Barra chun an **rang** a mhúineadh dom anocht.*
5. *Bhí mé ar tí an tír a fhágáil an t-am sin.* (This is correct.)

Feasacht teanga

The sentences could be translated in any number of ways, including the following:
1. I was very upset when I learned about the fire. *Bhí mé cráite nuair a chuala mé faoin dóiteán.*
2. The captain told me to speak to the man with the beard. *Dúirt an captaen liom labhairt le fear na féasóige.*
3. Do you feel like a cup of tea? *An dteastaíonn cupán tae uait?*
4. He gave her a gift of priceless jewels. *Thug sé seoda ríluachmhara mar bhronntanas di.*
5. The school report was a poor reflection on him. *B'olc an teist air a thuairisc scoile.*
6. It's up to yourself. *Fút féin atá sé.*

Aonad 18: Cuimhní

SEGMENT 1

Saibhriú focal

1. a special privilege: *pribhléid ar leith*
2. we faced a great challenge that day: *bhí dúshlán mór romhainn an lá sin*
3. there was a big gap between the teams: *bhí bearna mhór idir na foirne*
4. Mayo were unfortunate: *bhí mísheans le Maigh Eo*
5. to speak on behalf of the team: *labhairt thar ceann na foirne*
6. celebrating with us: *ag ceiliúradh inár dteannta*

Feasacht teanga

Below are the correct translations:
Dungloe: *An Clochán Liath*
Clifden: *An Clochán*
Kells: *Ceanannas*
Roundstone: *Cloch na Rón*
Ventry: *Ceann Trá*
Cape Clear: *Cléire*
Westport: *Cathair na Mart*
Tara: *Teamhair*
Newgrange: *Brú na Bóinne*
Valentia: *Dairbhre*

SEGMENT 2

Saibhriú focal (A.)

1. I gave a new twist to the clichés: *bhain mé casadh as na clichéanna*
2. he was furious: *bhí cuil nimhe air*
3. that was common: *bhí sin coitianta*
4. brutality: *brúidiúlacht*
5. there was no emphasis on the imagination: *ní raibh béim ar bith ar an tsamhlaíocht*

Saibhriú focal (B.)

1. *Rinne mé mo sheacht ndícheall.* I did my very best.
2. *Tá na seacht n-aithne agam air.* I know him very well.
3. *Oíche na seacht síon.* An extremely stormy night.
4. *Tá seacht mbarraíocht ann.* There's far too much.

SEGMENT 3

Saibhriú focal

1. modern: *nua-aimseartha*
2. booklet: *leabhrán*
3. cement: *stroighin*
4. gleam, shine: *loinnir*

Aonad 19: Éire inniu

SEGMENT 1

Saibhriú focal

1. having said that . . . : *é sin ráite . . .*
2. influence: *tionchar*
3. multicultural: *ilchultúrtha*
4. theoretically: *go teoiriciúil*

An teanga

1. *idir shúgradh is dáiríre*: half in jest, half in earnest
2. *idir an dá linn*: between times, meanwhile
3. *idir dhá cheann na meá*: in the balance

SEGMENT 2

Saibhriú focal (A.)

1. a single person: *duine aonair*
2. the National Lottery: *an Crannchur Náisiúnta*
3. nearly impossible: *beagnach dodhéanta*
4. married or cohabitating couple: *lánúin*
5. the city is spreading out: *tá an chathair ag leathnú amach*

Saibhriú focal (B.)

1. *Fiú mura bhfeiceann tú iad ar feadh cúpla bliain.* Even if you don't see them for a couple of years.
2. *Déan cinnte go múchann tú an teilifís, nach bhfuil sé ar* standby *fiú san oíche.* Make sure you turn off the television, that it isn't even on standby during the night.
3. *Ní fiú dom an carr a thabhairt isteach go lár na cathrach.* It's not worth my while to bring the car into the city center.
4. *Agus anois, fiú amháin, tá i bhfad níos mó roghanna ar fáil.* And now, even, there are a lot more choices.

SEGMENT 3

Saibhriú focal (A.)

1. healthy, wholesome: *folláin*
2. they do as they please: *tá cead a gcinn acu*
3. substitute: *ionadaí*
4. in full flight, unrestrained: *ar cosa in airde*

Saibhriú focal (B.)

1. *An teas atá in Florida, níl léamh, scríobh ná insint béil air.* The heat in Florida defies description.
2. *Ní raibh lóistín ar bith le fáil—dubh, bán ná riabhach.* There was no accommodation to be had—in any shape or form.

Aonad 20: Na Gaeil i Meiriceá Thuaidh

SEGMENT 1

Saibhriú focal

1. *Ní raibh saothrú ar bith ann.* There was no way to earn a living.
2. *Rinne an imirce bánú ar cheantar Chonamara.* Emigration left Conamara deserted.

SEGMENT 2

Saibhriú focal (A.)

1. they are attracted to Irish: *mealltar iad i dtreo na Gaeilge*
2. that arouses their interest: *spreagann sin suim iontu*
3. to go deeper into the matter: *dul níos doimhne sa scéal*
4. curiosity: *fiosracht*
5. placenames: *logainmneacha*

Saibhriú focal (B.)

1. *tíreolaíocht*: geography
2. *réalteolaíocht*: astronomy
3. *luibheolaíocht*: botany
4. *bitheolaíocht*: biology
5. *modheolaíocht*: methodology

Saibhriú focal (C.)

Béaloideas is made up of *béal* (the mouth) and *oideas* (instruction). It's a good description of knowledge that is passed on by word of mouth.

SEGMENT 3

Saibhriú focal (A.)
1. *tús an lae*: maidin
2. *ó thaobh amháin go taobh eile*: trasna
3. *bóthar nó rud mar é thar abhainn nó thar bhóthar eile*: droichead
4. *áit a gcuirtear cóir leighis ar othair*: ospidéal

SEGMENT 4

Saibhriú focal
Fluent: (*tá an teanga ar a toil aici / ní bhíonn sí ag cuartú na bhfocal*)
Competent: (*tá measarthacht Gaeilge aici / tá sí ábalta í féin a chur in iúl / tá déanamh gnóthaí Gaeilge aici*)

Finds Communication Difficult: (*níl sí thar mholadh beirte / tá Brid stadach go maith*)

An teanga (A.)
An Luan
An Mháirt
*An **Chéadaoin***
An Déardaoin
*An **Aoine***
An Satharn
*An **Domhnach***

An teanga (B.)
1. *is bocht liom*: I find it a pity
2. *is oth liom*: I regret
3. *is iontach liom*: it surprises me

Grammar and Language Index

Adjectives, 29, 43, 64, 71, 112–13, 120
    comparatives/superlatives, 43
Anglicisms, 84–85, 141–42
Articles, 2, 6, 41, 61, 73, 113, 164
    articles + prepositions, 3, 18, 44

Compound prepositions, 17–18, 68, 97, 140–41
Compound words, 25, 50–51, 100, 158, 160
Contractions, 76
Cúpla, 41

Dative case, 27, 115–16

Eclipsis, 44, 50, 81–82
Epenthetic vowel, 1

Genitive case, 17, 68, 79–80, 86, 97, 112–13, 140–41
    genitive plural, 36, 73

Hyphen, 97–98

Indirect speech, 82–83, 110

Lenition, 3, 11, 14, 38, 44, 50, 64, 82, 87, 100, 120, 151–52, 164

Nouns
    distinct plurals after numerals, 100–101
    gender, 6, 78, 113, 120–21, 164
    irregular nouns, 127
    nouns in the plural, 23
    nouns in the singular, 41
    proper nouns, 73
    strong plurals, 36, 73–74
    variant plurals, 1, 23, 90, 92, 100, 106, 158
Numerals, 11, 41, 100
    personal numerals, 11

Possessive adjectives, 26–27, 61, 97, 136
Prefixes, 29, 50–51, 90, 95, 100, 104, 114–15, 158
Prepositions, 14–15, 21, 26–27, 44, 50, 64, 79, 86, 91–92, 133–34, 151
    compound prepositions, 17, 97
    with plurals, 9
Pronouns,
    emphatic pronouns, 11
    personal pronouns, 38, 46, 97
    prepositional pronouns, 78

Questions and answers, 46

Relative clause, 110

Sentences
    interrogative, 50, 61
    negative, 50, 61
Suffixes,
    diminutive suffix, 113

Terminology, 10–11, 50, 55–56, 84, 87, 95–96, 140

Verbal nouns, 38, 79, 82, 112–13, 140
Verbs
    auxiliary, 81
    imperative, 48
    irregular verbs, 3, 30
    past habitual, 5, 45–46
    synthetic verbs, 8–9
Vocative case, 84